中国中央电视台

中 小 学 生 读

The United States of America

中央电视台《大国崛起》节目组 编著

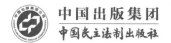

中国出版集团
中国民主法制出版社

图书在版编目(CIP)数据

大国崛起 : 美国 / 中央电视台《大国崛起》节目组编著.
-- 北京 : 中国民主法制出版社, 2013.1(2020.5 重印)
ISBN 978-7-5162-0241-8

Ⅰ. ①大⋯ Ⅱ. ①中⋯ Ⅲ. ①美国 – 历史 – 青年读物 ②美国 – 历史 – 少年读物
Ⅳ. ①K109

中国版本图书馆CIP数据核字(2012)第311388号

图书出品人 / 肖启明
出 版 统 筹 / 赵卜慧
丛 书 策 划 / 陈晗雨
责 任 编 辑 / 刘春雨

书名 / 大国崛起：美国
　　　　DAGUOJUEQI：MEIGUO
作者 / 中央电视台《大国崛起》节目组 编著

出版·发行 / 中国民主法制出版社
地址 / 北京市丰台区右安门外玉林里7号（100069）
电话 / 010-63292534　63057714（发行中心）　63055259（总编室）
传真 / 010-63292534
Http : //www.npcpub.com
E-mail : mzfz@npcpub.com
经销 / 新华书店
开本 / 16开　787毫米×1092毫米
印张 / 10
字数 / 133千字
版本 / 2013年1月第1版　2020年5月第5次印刷
印刷 / 石家庄继文印刷有限公司

书号 / ISBN 978-7-5162-0241-8/01
定价 / 28.00元
出版声明 / 版权所有，侵权必究。

出版寄语

2012年11月29日，习近平总书记率中央政治局常委参观《复兴之路》展览并发表重要讲话。习近平总书记说，我们这一代共产党人一定要承前启后、继往开来，把我们的党建设好，团结全体中华儿女把我们国家建设好，把我们民族发展好，继续朝着中华民族伟大复兴的目标奋勇前进。"道路决定命运，发展才能自强。"习近平总书记的一席话振聋发聩，发人深思。

站在新的历史起点上，审视过去，展望未来，中华民族的和平崛起和伟大复兴如何实现？

2006年11月13日，一部由中国电视人用影像梳理世界大国500年风云变幻的12集大型电视纪录片《大国崛起》在中央电视台经济频道热播，引起国内外有识之士广泛关注。与此同步同名推出的一套8册《大国崛起》系列图书受到读者青睐。一个关注大国崛起、期盼民族复兴、探求富国强民之路的时代课题引发人们强烈的共鸣和思考。

用历史的眼光和全球的视野为中国的发展寻找世界性坐标。

500年前，航海家的冒险拉开了全球竞争的历史大幕。500年来，世界性大国竞相登上世界舞台。那么，究竟是什么将它们推上历史潮头？又是什么成就了它们大国地位？

葡萄牙、西班牙，这两个国家拉开了真正世界意义上大国之旅的序幕。是什么让它们在16世纪初迅速强大又迅速衰落？为什么大国之争一开始就是争夺海权？

荷兰，一个时常面对海潮威胁的国度，为什么能在17世纪成为世界的中心？

英国，是无意间打开神秘的崛起之门吗？它在18世纪、19世纪称雄世界近200年的基础到底在哪里？

法国，这个充满激情与浪漫的国度，凭借什么始终能够引领世界风潮？独特的法兰西精神究竟源自哪里？

德国，这个欧洲大陆民族国家中的姗姗来迟者在极短的时间一举站在巨人的行列中，原因何在？

日本，这个曾在欧美列强的逼迫下打开国门的小小岛国，是怎样迅速摆脱被奴役地位的？

俄罗斯，在15世纪之后，已没有人能够用武力使它屈服，为什么却经常从内部崩溃？它为什么总是集强大与羸弱于一身？

美国，一个国民来自全世界的移民国家，它的立国之本是什么？一个仅有200余年历史的新国家，凭什么执牛耳近一个世纪？

《大国崛起》正是从中国人的特殊视角揭秘了世界9个大国崛起的兴起史。为讨论国家发展问题提供可资借鉴的历史资源和文明资源。对于正在进行现代化建设的中国，《大国崛起》试图以开放的心态为国人打开视野。

青少年是祖国的未来、民族的希望，是中国特色社会主义事业的建设者和继承者。青少年要承担起祖国未来、民族希望的历史责任和神圣使命，就要掌握与时俱进的丰富知识，要具有发现问题、分析问题、解决问题的实践能力，更需要深怀推动祖国繁荣、民族复兴的爱国激情。

适应青少年对中国发展道路认知的需求，激发其爱国、爱党、爱社会主义的热情与活力，中国民主法制出版社项目编辑小组在《大国崛起》8卷本的基础上，对图书内容与编排体例进行了精心改版，编辑策划了"大国崛起·中小学生读系列丛书"，丛书分8册，即《中小学生读葡萄牙·西班牙》《中小学生读荷兰》《中小学生读英国》《中小学生读法国》《中小学生读德国》《中小学生读日本》《中小学生读俄罗斯》《中小学生读美国》。全套丛书一改原版图书恢宏壮观的彩色印刷风格，采用流行专色调进行整体设计，同时更为巧妙地将电视内容与图书内容融为一体，使读者在增加历史知识的同时，经历一次愉快的阅读体验。读罢丛书，一段段跌宕起伏的描述、一幕幕精彩的历史画卷，将9个大国崛起经历的曲折展现得淋漓尽致，就犹如在9个大国的发展进程中痛快淋漓地畅游一番，更加激发青少年在历史舞台上一展雄图的激情与联想。

"向海而兴，背海而衰。禁海几亡，开海则强。"开洋看世界。为中华民族的和平崛起和伟大复兴，我们正是在以一种更加开放的精神走向世界，走向未来。

聆听历史是一种伟大的智慧，回望大国风云，让历史照亮我们未来的行程。

让历史照亮未来的行程

今天的世界，是一个既充满希望，又遍布危机的世界。

一方面，人类的力量日益强大，目光已投向浩瀚的宇宙；另一方面，人类自身却似乎日益脆弱，面对环境恶化、恐怖主义等种种危机显得有些无措。

一方面，全球化进程将世界更加紧密地联系在一起，国与国的相互依存度越来越强；另一方面，不同文明间的冲突却未见消减，战火和鲜血弥漫的场面仍在局部地区上演。

这一切，铸就了一个合作与竞争并存、进步与落后共生的大舞台，大小强弱的国家都在这个舞台上扮演着自己的角色，而曾经、正在和仍将继续左右剧情发展的举足轻重的力量，却始终来自于大国。大国的兴衰消长，始终是世界舞台上最受人瞩目的大戏。在历史进入21世纪的时候：

美国仍然领先，没有迹象表明它将在短时间内被超越；

欧洲各国前所未有地联合起来，集团优势日渐彰显；

保有全球第二经济大国位置的日本，一直在谋求政治大国地位；

一度落后的俄罗斯，已重新吹响复兴的号角并显露峥嵘；

印度、巴西，正竭力向前，试图改写现有的世界大国格局。

那么，中国呢？

这个古老而生机盎然的国度，这条历经劫波而豪情不灭的巨龙，这列用速度吸引世界眼球的经济快车。今天，没有哪个国家会忽视中国的存在。

中国人是理性的，我们看到了自己目前作为一个发展中国家面临的困难；中国人也是感性的，我们的心中有个梦，一个大国的梦。也

1

许，更准确地说，中国从来就是一个大国，中国人从来不乏大国心态：铁骨铮铮而又雍容大度的大汉气质，浪漫开放而又胸襟豪迈的盛唐气象，纵横七海却"厚往薄来"的大明舰队，已在中华民族的血脉里酝酿出了山高水长的大国之风。

大国之风是什么？老子说："大国以下小国，则取小国。"意思是：大国只有对小国谦下，才能得到小国的信任；司马穰苴说："国虽大，好战必亡，天下虽安，忘战必危。"郑和率领当时天下第一的舰队七下西洋，执行的外交政策是："以德睦邻。"大国之大，在于有容乃大，有德乃大，有信乃大，有为乃大，这就是中国人传统的大国观。

大国是历史，是中国人心中的中国应有的存在方式；大国是文化，是为人类文明的殿堂奉上的华美篇章；大国是追求，是"路漫漫其修远兮，吾将上下而求索"的自信与执着。

正是这样的情怀，让中国人在近代饱受屈辱后重新奋发。160多年的追赶，让世界再次听到了中国的声音；新中国成立之后，尤其是改革开放近30年来的巨变，使我们能够更自信和从容地立足于世界去探索自己的强国之路。

有着广袤土地、众多人口和悠久历史的中华民族的伟大复兴，无疑是人类历史上的重大事件。今时今日，国家要发展，人民要进步，中国要为世界的和谐发展担负起更大的责任，那么，接下来，中国要走的将是怎样的一条发展道路？

2003年11月24日，中共中央政治局组织了一次集体学习，内容是"15世纪以来世界主要国家的发展历史"。这次学习在社会上引起了广泛关注，人们在想，斯时斯地，打开尘封已久的历史，所为何来？

盛唐的奠基人李世民说："以史为鉴，可以知兴替。"前事不忘，后事之师。历史是文明的记录，是民族的基石；它山之石，可以攻玉。历史不是记忆的负担，它蕴含着可以照亮未来行程的智慧之光。

新中国的几代领导人反复强调：我们的发展，要吸收和借鉴全人类的文明成果。这些曾经在近现代历史上引导世界潮流的大国，在历史上或多或少都对其他国家和民族造成过伤害，包括中国。今天，在中华民族重新崛起的进程中，我们应该以什么样的胸怀和态度看待它们？中国的和平发展可以从中借鉴什么样的经验和教训？

用历史眼光和全球视野为中国的发展寻找世界性坐标，这既是一个具有相当的现实意义的选题，也是中央电视台"传承文明，开拓创新"理念的具体实践。

为国家的发展、民族的振兴、人民的福祉而思考和求索，这是国家电视台这一特殊的媒体角色赋予我们的一份责任。沉下心来、拒绝浮躁、认认真真思考、踏踏实实做事，这是中央电视台的从业者应有的价值判断。

正是因为如此，有了十二集大型电视纪录片《大国崛起》。

《大国崛起》是电视工作者试图凭借时空拉开的距离获得景深，用影像和声音诠释各大国成败的一次尝试，也是电视工作者用自己的视角辨析大国兴衰，对当前中国在世界格局中的位置和面临的任务进行思考后的一次表达。

毫无疑问，这是一个极其庞大而艰巨的工程。它要求对波谲云诡的历史本身进行有效的梳理，对历史脉络进行手术刀般精准的分析，对历史走向进行独到的思辨。如何获得最精准的史实？如何在众说纷纭中最真实而客观地解读"这一个"？如何在批判中学习，在学习中批判？一系列沉重的问题酿造了这次思想的长征，过程是痛苦而艰难的。经济频道的数位同仁三年磨一剑，付出了难以估量的艰辛，读书行路，从现实的表面一点点走入历史的深处。

《大国崛起》一片为讨论国家发展问题提供了可资借鉴的历史资源和文明资源。全片以15世纪后陆续崛起的葡萄牙、西班牙、荷兰、英国、法国、德国、日本、俄罗斯、美国9个国家作为解读的对象，展现它们通过不同方式、在不同时期内完成的强国历程，既体现出各自鲜明的不可重复的时代特征和民族个性，同时也探讨了某些相通的规律。这是《大国崛起》的主旨所在。

《大国崛起》一片将500年来世界大国的历史立体地、直观地呈现给了观众。这并不是一部以挖掘历史细节或揭秘历史真相为目的的纪录片，它更注重历史带给现实的思考。以此为宗旨，深入9国探访实拍，借助电视媒体的独特传播方式和丰富的表现手段，完成一部影像化的500年大国兴起史，在国内尚属首次。这是《大国崛起》的独特所在。

《大国崛起》一片是中国的电视工作者和中外学术界鼎力合作的成果。国内外近百位来自历史学、政治学、经济学、社会学、法学、国际政治、国际关系等不同研究领域的顶尖学者给予创作者的大力支持，使本片得以反映出各国专家对于本国崛起相关问题的思考和现阶段对世界历史与现实的认知程度。这是《大国崛起》的价值所在。

经过近3年的努力，十二集电视纪录片《大国崛起》终于和观众见面了。与此同时，在电视片基础上产生的8册系列图书也问世了。对于世界大国历史这样一个重大的课题，一部纪录片和一套图书所能承载的，可能只是冰山一角，可能还不乏可商榷之处。

无论观众和读者是赞同还是批评，对于《大国崛起》一片，我们最为期待的是：它用影像进行的思想表达，能够引起人们对一些问题的关注并提供深入思考的基础；对于《大国崛起》系列图书，我们最为期待的是：它展示的历史细节和专家观点，能够为人们提供一条通往浩淼历史和繁杂现实的路径。

因为，前车辙是后来者行动的参考，老人是孩童成长的依据，旧知是新知的注脚。在中国持续快速发展的时代背景下，懂得聆听历史，更是一种深远的智慧。

而我们在今天所做的一切，也终将成为历史。

中央电视台原台长

电视人也在铸史

　　文字作品与影像作品的创作过程和艺术气质殊异，两者的联姻由来已久。对于时代精神的孜孜探寻，对于人类心灵的不倦探析，对于共同情感的深刻表达，在这些基本点上，文字与影像殊途同归。

　　因此，电视作品出版成书，早已不是什么新鲜事。不过，现在呈现在读者面前的这套《大国崛起》系列丛书却有特别之处：虽然它是中央电视台十二集大型电视纪录片《大国崛起》的同名、同步出版物，但它并不是电视纪录片的简单翻录，也不是视觉语言的生硬平面化，而是电视人编写的一套历史书。

　　和电视片一样，这套丛书也从15世纪启航。

　　15世纪是一个崭新而别样的世纪，更是一个影响力直达今天的世纪，世界的大变局由此开始。自那时起，世界各国的交往日益勃兴。侵略与开拓相联系，贸易与搏杀相混淆，经济与军事相纠缠，崛起与争霸相伴随。

　　这是创造了难以计量的财富与进步的500年，也是浸染了无法计量的鲜血与恐惧的500年。所有一切都与大国的崛起与衰落紧密相连。

　　500年来，世界舞台上演出了一幕幕王雄称霸的正剧，你方唱罢，我又登场：葡萄牙、西班牙、荷兰、英国、法国、德国、日本、俄罗斯、美国，这9个国家江山代代，各领风骚，在不同历史时期创造了属于自己的大国辉煌，同时也给其他国家和民族带来过不同程度的伤痛。而今天，实力和信心日增的中国，选择了以更加广阔的胸襟和真正开放的心态去看待历史和现实。

500年风云激荡，电视纪录片《大国崛起》以9个大国在崛起过程中最关键的阶段和点位来进行跳跃式的叙述，力求凝练；系列图书《大国崛起》则想要在此基础上实现一次再传播，力求丰富。让两种不同介质的媒体承担不同的目标，对同一主体进行不同层次的立体传播，创意大胆且新奇。

　　如果说，纪录片寻找的是巨人一跃而起之前最得力的那一点，那么丛书寻找的是巨人从慢跑到跃起的整个过程，有时甚至包含它的陨落：

　　葡萄牙、西班牙，这两个国家拉开了真正世界意义上的大国之旅的序幕。是什么让它们在16世纪初迅速强大又迅速衰落？为什么大国之争一开始就是争夺海权？海洋，是大国崛起的决定性因素吗？

　　荷兰，一个面积只相当于今天两个半北京大的小国，一个时常面对海潮威胁的国度，为什么能在17世纪成为世界的中心并以自己的名字标识整个世纪？它如何缔造一个称霸全球的商业帝国？它又怎样对世界施加影响？

　　英国，有人称它为"小店主"国家，但它称自己为"日不落帝国"，这一矛盾背后暗藏了什么样的玄机？是偶然发现现代之路？是无意间打开神秘的崛起之门？它在18世纪、19世纪称雄世界近两百年的基础到底在哪里？

　　法国，欧洲大陆一支不可忽视的力量，但为什么在18世纪、19世纪的大国竞争中，它总是力争第一，却常常屈居第二？这个充满激情与浪漫的国度，又凭借什么始终能够引领世界风潮？独特的法兰西精神究竟源自哪里？

　　德国，1871年方才立国，这个欧洲大陆民族国家中的姗姗来者却在极短的时间爆发出巨大的能量，一举站在巨人的行列中，原因何在？统一与分裂，这个痛苦的命题，又对这个国家的命运产生了怎样的影响？

日本，这个曾在欧美列强的逼迫下打开国门的小小岛国，是怎样迅速摆脱被奴役的地位的？它为什么在崛起的同时渐行渐远，踏入迷途？它又如何在战后发展成经济大国？

　　俄罗斯，一个常常在灾难之后变得强大、又在顶峰重重跌下的大国。15世纪之后，已没有人能够用武力使它屈服，为什么它却经常从内部崩溃？它为什么总是集强大与羸弱于一身？它为什么被称为泥足巨人？

　　美国，一个国民来自全世界的移民国家，它的立国之本是什么？一个仅有200余年历史的新国家，凭什么执牛耳近一个世纪，迄今仍无衰退的迹象？它的发展是一路坦途吗？

　　在十二集电视纪录片涉及的这些重要的问题，也是《大国崛起》系列丛书的主体内容。为了使读者和观众对这些国家的发展历程有更清楚的了解，剧组组织专人撰写了与各国崛起相关的历史内容，在电视片的基础上补充了大量历史细节和背景资料，并请研究各国历史的专家进行审读。电视工作者与学者的共同努力，使这部分内容具有较强的可读性和知识性。

　　这样一套特殊的丛书，从电视片的创作初期已列入总体规划并开始筹备，图书的编撰与电视片的制作一直在同步进行。纪录片《大国崛起》电视脚本的撰稿者成为丛书的主要编著者，他们游刃于历史与现实、影像与文字、理性与激情之间；他们试图在风云四起的历史变迁和此消彼长的大国更替中，寻找世界发展的轨迹；他们力求保持理性的叙述立场，同时尽力使思想自然而开放地流淌。

　　今天，这套由电视人编著的历史丛书终于和大家见面了。

　　历史的本相复杂而难辨，一切试图完整再现的想法可能是自寻烦恼。正如我们知道的：所有的历史都是当代史。没有人能够真正还原历史的岁月，著史和读史的人都免不了当下的情怀与眼光。

　　因此，无论是纪录片还是系列丛书，《大国崛起》对历史的解读，都代表着今天的审美眼光和认知高度。我们期待着批评指正，也期待着后来者对历史的新的感悟。

　　我们也许永远无法获知完全的历史真实，我们也许永远无法停止争论和怀疑。正如中华民族的伟大复兴需要漫长的过程一样，现在的一切，包括对历史和未来的探究，都只是一个开始。我们不一定能够等到看见辉煌地平线的那一天，但我们至少知道，我们在前行，我们可以执着地上下求索，无限接近。

　　　　　　　　　　　　　　中央电视台总编辑

对于正在进行现代化建设的中国，本书试图以开放的心态为国人打开视野。对于正处在全球化浪潮中的世界，本书期许能为人类共同的进步提供思考。

目 录 Contents

出版寄语 /i

序一 >> 让历史照亮未来的行程 /中央电视台原台长 赵化勇
序二 >> 电视人也在铸史 /中央电视台总编辑 罗 明

引子 >> 新大陆

一、殖民时代 /2

　　在今天美国马萨诸塞州的一个叫做普利茅斯的小镇，每天都有来自美国各地的人来到这里，人们虔诚地来膜拜一块石头。
　　人们为什么会对一块石头如此敬仰呢？

二、独立风云 /10

　　"难道生命如此珍贵？难道和平如此甜蜜？以至于非要用镣铐和奴役去换取它们？我不知道别人何去何从，我的抉择是不自由，毋宁死！"

三、宪法立国 /28

　　当约翰·亚当斯作为第一任驻英大使抵达伦敦赴任时，英国外务省的一位官员问道：怎么只有你一人来到伦敦？应该有13位大使才对呀！

四、兄弟阋墙 /44

　　然而，这样富饶而美丽的土地，很快在战争的摧残下变成焦土，华盛顿在离职时所担心的问题终于发生了……

五、西进之潮 /57

　　在南北战争期间，在战争的后方，一项重要的国家工程也正如火如荼地展开。如果说南北战争实现了美国的发展奠定了坚实基础，这项工程则塑造了美国的民族精神，壮大了美国的经济，这就是被历史学家称为的"西进运动"。

The U.S.A.

六、工业革命 / 67

美国这个今天输出技术的大国，当年也是依靠复制别国科技起步的。在第二次工业革命汹涌澎湃的大潮中，美国和许多国家一样，面临着一次难得的机遇和挑战。

在如此激荡的时代大潮中，刚刚打完南北战争的美国能否屹立潮头？

七、初露峥嵘 / 84

1776年，美国建国的这一年，影响西方国家经济理念的《国富论》诞生了。撰写《国富论》的经济学家亚当·斯密用"看不见的手"来形容经济规则，这一思想为美国的经济带来深刻而重大的影响。

八、进步运动 / 94

19世纪末到20世纪初，大企业、大财团相继出现构成了美国经济社会的主要图景，它为美国经济带来了空前的繁荣，也使美国成为世界第一经济大国。然而，在这种繁荣的背后，却出现了严重的两极分化和各种罪恶，社会的不满在悄悄滋生。

九、新政之危 / 100

人们没有意识到，这可能是一个象征，随着电气时代开启者的倒下，美国10年的繁荣结束了，甚至长达200多年的西方自由市场经济也面临崩溃，人类像需要光明一样需要创新精神引领着走出恐惧和沉沦。

十、尾声 / 110

没有一个国家可以在当今世界上维持领先地位，除非它充分开发了它的科学技术资源。

电视片解说词 >> 第十集：新国新梦 / 115

第十一集：危局新政 / 128

精彩回放 / 141

引子
新大陆

500年前，在北美大陆，印第安人依然过着以采集、狩猎、粗放农耕为主的生活。在这片广袤而物产丰富的地方，他们的激情、他们的风俗、他们的语言，都以天然的姿态生长着。印第安文明一直在自己的天地繁衍，没有现代意义上的国家，他们集体生存的方式是部落，他们过着与众不同的生活。

1492年，一个叫哥伦布的欧洲人来到美洲大陆，于是美洲许多东西都被改变了……

西班牙人、英国人、荷兰人、法国人蜂拥而至，将这片新大陆撕扯得四分五裂。从此，印第安人逐渐失去了对自己家园的控制。美洲成为欧洲各国角逐利益的战场。

在这片大地上，谁主沉浮？

最终，欧洲各国都没能实现主宰这片大陆的愿望，因为这片土地诞生了新的"主宰者"——美利坚合众国。

一、殖民时代

在今天美国马萨诸塞州的一个叫作普利茅斯的小镇，每天都有来自美国各地的人来到这里，人们虔诚地来瞻仰一块石头。

人们为什么会对一块大石如此敬仰呢？因为，美国的历史与它有着非同寻常的关系。

大国崛起 我们这些签署人，在上帝面前共同庄严立誓签约，自愿结为民众自治团体。

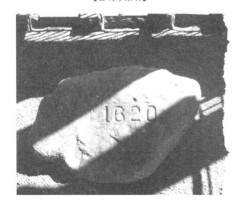
【普利茅斯石】

1620 年 9 月 16 日，102 名英国清教徒登上了 1 艘载重 180 吨、长 90 英尺的木制帆船扬帆出海，这艘船名叫"五月花号"。

他们选择出海的季节实在是糟透了，但他们别无选择。

在 17 世纪初的英国，最早源起于加尔文的清教徒们发起宗教改革运动，试图在国教内部进行"纯洁"工作，却遭受残酷打压。

于是他们出逃荷兰，在荷兰不仅寄人篱下，而且下一代对于清教徒信仰和祖国语言日益淡薄，于是他们将最后的期望寄托在遥远的新大陆，再次出走。

他们向往那片百年前才刚刚被发现的新大陆——美洲，那里没有国王，也没有刽子手，他们可以自由自在地传教和生活，而无需面对欧洲大陆冰冷的目光和时隐时现的绞索。

也许是"五月花"这个浪漫而生机勃勃的名字给他们带来了好运，"五月花号"在海上风狂浪险地度过了66天之后，只有一个人死去，但在船上又降生了一个婴儿，所以当他们于11月19日到达科德角时，船上还是102个人。

他们在科德角对面的普罗温斯顿港湾抛锚，按照欧洲的航海传统，他们首先登上了一块大礁石。"五月花号"上的人们大声欢呼，共同庆祝新生活的开始。后来的美国人把他们视为美国最早的开创者。

其实，远在他们之前，已经有很多欧洲人来到北美，就是英国也早于1606年就组织了两批人员探查，一批移民，为什么美国人却把"五月花号"上的人们视为"清教徒始祖移民"？

【"五月花号"复制船】

今天"五月花号"的复制品停泊在马萨诸塞的海湾，在船舱里，摆放着一份文件的复制品，这份文件被称为美国最早的立国文本。

"五月花号"上的人们走上新大陆之前，在船上签署了这份文件，41位男士在文件上签下了名字，他们是船上成年男性移民，由于当时妇女没有政治权利，所以她们没有签署。

在这份《五月花号公约》中这样写道：

"为了上帝的荣耀，为了增强基督教信仰，为了提高我们国王和国家的荣誉，我们漂洋过海，在弗吉尼亚北部开发第一个殖民地。我们这些签署人在上帝面前共同庄严立誓签约，自愿结为民众自治团体。为了使上述目的能得到更好的实施、维护和发展，将来不时依此而制定颁布的被认为是对这个殖民地全体人民都最适合、最方便的法律、法规、条令、宪章和公职，我们都保证遵守和服从。"

《五月花号公约》，这份写在粗糙羊皮纸上的文书，内容很简单，但它开创了一个先例，也树立了一个典范：

人民可以通过自己的公意决定集体行动，以自治的方式，管理自己的生活；行使统治必须经过民众的同意；人民可以通过公议的契约建立秩序，而不是由人民之上的权威予以强加。

"自治"意味着一切公共事务的决定必须征得全体自由民的意见，由此开创一个自我管理的社会。它标志着

"政府需经被统治者的同意方可实行统治"这一原则得到认同并实施。

《五月花号公约》的签订方式和内容，在王权与神权并行统治的时代，暗示了民主政治的许多基本理念。因为它否定了由来已久的君权神授思想，否认了统治权无须平头百姓认可的现状。

《五月花号公约》是此后无数自治公约中的第一个。它所呈现出的依法管理、民众自治理念成为许多居民点和后来殖民地竞相效仿的模式，对《独立宣言》和美国宪法都产生了巨大的影响，被人们称为美国精神的先驱。

【《五月花号公约》】

在从前无人来到的地方,我们希望移植一个民族。

12月25日后的一天,移民们陆续在普利茅斯上岸,那些参加签约的人组成了普利茅斯殖民地的自治体,这个自治体具有选举官员、通过法律和吸收新的投票委员的权利。

当兴奋感迷失后,出现在他们面前的景象既使他们迷茫,也使他们兴奋。

这是一片完全陌生的大地,冬天的北美万物萧索,沉寂而荒凉。回顾身后,万顷波涛化作千般障碍、万里鸿沟,把拓荒者与欧洲的联系斩断,他们只能独自面对命运的挑战和生存的考验。

威廉・布雷德福在 "五月花号"抵达美洲10年后,生动地描述了他们的所见所感:"回顾身后,只见曾经跨越的海洋浩瀚无边,将他们与世上所有的文明社会阻隔……现在除了上帝的精神和慈爱,还有什么能够支持他们呢?"

其实他们真正的力量来自于开创新天地的渴望和坚定的信仰,正如布雷德福所说:他们知道自己是先驱者。正像一支小蜡烛点燃千支烛一样,在这里燃起的光照亮了很多的人,而且可以说,它还以某种方式照亮了我们的整个民族。

应该说"五月花号"中人的运气非常好,他们登陆的港口是一个天然良港,附近有一个出产丰富的渔场,可以提供大量海产品。在陆地上有一些小溪,虽然结了冰,但可以向他们提供充足的淡水。

而且,在这片土地居然到处有人类生活的遗迹,开垦过的肥沃农田,这真是一幅美好而又诡谲的景象!他们只能将这些归结于上帝的怜悯。后来他们才知道,这里是一个印第安村落的遗迹,这个村落的居民因为一场来势凶猛的天花而遭灭顶之灾。

但即使这样,在头一年,移民们依然付出了惨重的代价。北美寒风呼啸,把缺少过冬装备的人们抛入一片冰天雪地,在这陌生的大陆上他们不知道应该如何生活,怎样从中汲取生活资料。繁重的劳动、严寒的气候、恶劣的生活条件、凶猛的传染病,很多人倒下了,几乎家家都办过丧事。

到第二年,他们只剩下50个人。每个人的心头都被绝望所压迫,所有的理想和美梦似乎都被严酷的现实撕得粉碎。人人都在祈祷上帝的恩典,但上帝在哪里?

在一个春天的早晨,一个印第安人走进了村庄,人们向他展示自己的悲惨生活。这个略通英文的印第安人默默地看着，听着。几天后，他把自己的酋长带到了村庄。

酋长马萨索伊特与这些远来的人们订立协议，非常慷慨地送给他们许多生活必需品，后来又派出能干的印第安人教授给移民们在这块大地上的生活技巧，包括种植玉米、捕鱼，甚至包括饲养火鸡。

在这一年，也就是1621年，风调雨顺，在印第安人的帮助下，移民们大获丰收。这年秋天，布雷德福被选为普利茅斯殖民地的总督，他决定举办庆典感谢上帝的恩赐。当然，他也没有忘记印第安人，他请马萨索伊特等印第安人参加庆典。

在11月底的一天，移民们大摆筵席，印第安人和移民们热烈地交谈、游戏，餐桌上摆满了山林的野味以及自产的玉米和南瓜饼火鸡大餐。

这就是北美大陆感恩节的起源，

1789年11月26日，华盛顿发布了第一个感恩节公告。富兰克林·罗斯福于1939年将11月的第4个星期四定为感恩节，1941年国会立法认可了这一规定。感恩节是最具有美国特色的节日，在美国人心目中，某种程度上感恩节要比圣诞节更重要。

感恩节的庆祝方式多年来改变不大，而印第安人教给移民们饲养的火鸡始终是感恩节上最主要的一道食品。

在此后的岁月里，来自欧洲的移民日益增多，几番艰辛之后，他们在这片大陆上扎住了脚跟。到了17世纪末18世纪初，一共建起了13个殖民地。

"在从前无人来到的地方，我们希望移植一个民族。"

这是一位诗人描绘当时的景象，那么这些人到底希望移植一个什么样的民族呢？我们从今天的威廉斯堡小镇寻找答案。

【普利茅斯镇的移民登陆纪念地】

人世间一切权力都必须是有限的

在美国弗吉尼亚州东部海岸有一座小镇叫威廉斯堡。

走在小镇的街上，仿佛进入了时空隧道，这里没有任何现代意义的装饰和建筑，教堂、学校、邮局以及人们的衣着打扮，与今天的一切截然不同。

这座小镇曾是北美最早英属殖民地，曾和早期美国历史中一些重要事件发生过联系。

已往逝去的时光似乎从来没有拜访过这里，一切还是北美开拓初期的景象。

从 17 世纪初到美国建国前的 100 多年时间里，英国在北美共有 13 个殖民地，一些殖民地有时因为利益发生争吵，甚至大动干戈，但是，多个族裔、多种文化在广阔的北美大陆共处和混合，逐渐形成一个富有特色的民族，就像现在威廉斯堡中的人们所表演出来的那样。

在那个时代，殖民地居民信奉多种宗教，但他们大多讲求实际，不尚空想，把精力集中于人世间的实际问题，致力于在人间建立基督所谓的天堂。

天堂最需要的莫过于一种优良的秩序，于是他们被深深困扰，并不断思考着 3 个现实问题：

一是怎样选举领导人和代表？他们之间的关系如何？

二是怎样设定政治权力的适当限度？

三是怎样组成一个联合组织？

他们的基本观点正如约翰・科顿所说："对于教会和共同体的官员，最好是不要在对他们和对人民有益的范围之外赋予更多的自由和权力，因为不管给予何种超越此限的权力，它们都肯定会侵害它们的给予者和接受者。人心中有一种倾向，除非受到神的制约，它说不定什么时候会发展成为过分行为。不应让人冒这个险。因此，人世间一切权力都必须是有限的。"

这也是后来美国政治传统中最核心的东西，对统治者的不信任，因此必须给权力套上辔头。

1647 年 5 月，马萨诸塞议会通过一份关于建立学校的议案："各镇人口增长至 50 户时应令一位公民担任教育之责。凡儿童欲求读书写字者一律不得拒绝。"

对此，詹姆斯・拉塞尔・科维尔说："第一所小学开幕的时候，对付教会专制或国家独裁的第一道壕沟，也就筑成了。"

在北美的英属殖民地，乡镇很早就各自任命自己的行政官员，规定自

【总督府】

己的税则，分配和征收自己的税款，凡涉及全体居民利益的事务，均在公众场所召开公民大会讨论决定。

在欧洲的大多数国家，政治生活一般都始于社会的上层，然后是逐渐地而且是不完整地扩大到整个社会，而在殖民地有些时候则相反，那里的乡镇成立于县之前，县又成立于州之前，而州又成立于国家之前。

17世纪初，欧洲许多国家的君主专制体制已经取得了辉煌的胜利，在大放异彩和文艺繁荣的欧洲，人们还没有想到一些可能被他们轻视的原则已经在新大陆的荒野中公布出来，并且已经成为一个民族未来的信条。

人类理性的一些最大胆的设想竟在一个不被人重视，连任何政治家都

不屑于关注的社会里付诸实现了，在这个还没有出过将军，也没有出过哲学家、作家和思想家的默默无闻的社会里，却出现了一种崭新的社会运行方式。

这13个殖民地不仅在政治观念上非常相似，更重要的是他们都说英语，遵守英国的风俗，建立议会制度和陪审团，他们的书籍、建筑、图画、文学主要是英国式的，甚至都接受3000英里大洋外大英帝国的管理，虽然许多人一辈子也没见过一个来自英国的皇家官员，大多数人从来没有踏上过英伦三岛，虽然实际上来自英国的直接管理力量非常微弱。

不过，这片大陆上的人们已经不同于英国人，他们勤恳工作，排斥奢靡，讲求实际，狂热的工作态度和严肃的生活态度，务实、进取的精神，特别是对于通过辛勤工作以获得成功的价值认同，以及勇于开拓和冒险，崇尚平等，北美辽阔的处女地和英国鞭长莫及的统治，这些都使他们富于自治和民主意识。民选长官、土地分配和平民教育使这里与英国呈现出很大的不同。

18世纪初，13个殖民地的农工商业得到飞速发展，交通运输尤其突出，一些地方开辟了公路，建立了邮政，波士顿的信件6天就能到达费城。

交通与通讯使各地可以互通有无、交流信息、联络感情，像一根纽带将13

威廉斯堡

在这条宽约800米、长1公里多的街道上保存着88座17世纪、18世纪的古建筑,有法院、教堂、皮行、银楼、茶铺、饭店、旅馆、兵工厂、军械库、蜡烛店、面包坊、乐器行、家具铺、打铁铺等等,人们的服饰是18世纪的,大道用砂石铺,人行道用石块铺,就是不见水泥,更看不见电线杆和电线,即使人们的口音语调也模仿当年的殖民者。

离这里不远有一所著名大学威廉—玛利学院,培养了包括第三任总统杰弗逊、第五任总统门罗、第十任总统约翰·泰勒在内的三位美国总统和一大批政治精英,也被称为"美国的母校"。它创办于1693年,排在哈佛之后,是美国第二古老的高等学府。

这里是威廉斯堡,它坐落于詹姆斯河和约克河中间的半岛上。自1699年至1780年,它是弗吉尼亚这个英属北美最早殖民地的首府,也是美国独立运动的策源地和南北战争的古战场,美国的开国元勋们曾经在此开展各种政治活动,这里与无数的美国故事紧密相关。

个殖民地联结在一起,对美利坚民族的形成起到了深远的影响。

1782年,一位法裔移民克雷夫科尔发表了12篇文章,他称之为《一个美国农场主的来信》,这组信为新大陆的新国家赢得了许多朋友,也使作者一举成名。他是这样描述新兴的美利坚人的:

"我们是一个耕者民族,散居在一片巨大的领土上,通过良好的道路和可通航的河流相互交流,由温和政府的丝带把我们联在一起,大家都尊重法律而不畏惧其权力,因为法律是公平的。我们生气勃勃,充满实业精神,这种精神已被除去镣铐,不受任何约束,因为我们每个人都是为自己工作的。"

"……是英格兰人、苏格兰人、爱尔兰人、法国人、荷兰人、德国人和瑞典人的混杂。由这种混杂繁衍产生了一个现在叫作美利坚人的种族。……在这里,来自世界各国的人整合成一个新的民族,总有一天,他们所付出的劳动以及他们的后代将使世界发生巨大的变化。"

但是有必要指出的是,真正促成美利坚人共同体意识大觉醒的恰恰是英国。

二、独立风云

> "难道生命如此珍贵？难道和平如此甜蜜？以至于非要用镣铐和奴役去换取它们？我不知道别人何去何从，我的抉择是：不自由，毋宁死！"

大国崛起 在这个大陆上，不应当有人称为新英格兰人、纽约人等，我们所有的人都是美利坚人。

18世纪时，北美英属殖民地人口增长很快，1702年的27万人，到1770年已接近220万人，大约每过25年翻一番，殖民地一派人丁兴盛、事业发达的景象。然而就在此时，殖民地的人们与英国"老东家"的关系却日益紧张，一时山雨欲来风满楼……

英国国王曾规定：殖民地的自由居民对涉及他们的立法有发言权，也就是说殖民地居民的权利得到了部分承认。但是，殖民地毕竟是殖民地，随着时间的推移，殖民地与大英帝国之间的裂痕逐渐显现。

在乔治三世的时代，这位年轻的英国国王血气方刚，他的观点是："不但要统而且要治。"

1763年，英国在与法国争夺殖民地的7年战争中取得胜利。但是当以英国人自居的英属北美殖民地居民为此庆祝的时候，他们并不知道这其实是一个不祥之兆，一系列矛盾将接踵而来，将原本汹涌却少为人知的暗潮卷到海平面之上。

战争给了英国胜利，也给了英国巨债——1.3亿英镑，是战前英国外债的两倍。英国人原本想在国内解决问题，但加税的要求一提出就引发了一系列骚乱。于是他们把目光转向海外殖民地，特别是美洲大陆，他们试图从那里筹措殖民地防务和管理开支。

英国首相兼财政大臣乔治·格伦维尔说："从殖民地取得某些收入是必要而又正当的。"他的提议在英国议会获得通过。

1764年，英国颁布《糖税法》，对过去每加仑征6便士的外国糖蜜税减为3便士，但撤销各殖民地原享有的某些免税待遇，对输入美洲的外国食糖和奢侈品(如酒、丝麻)收取附加税。

1765年，英国颁布《印花税法》，这是首次出现在美洲英属殖民地的新税种。但这个新生事物来势汹汹，举凡报纸、证书、票据、期票、债券、文告、历书及一切印刷品、小册子、法律文件，都得贴上半便士至20先令的印花税票，甚至连结婚证书和扑克牌都得交印花税。在新税种面前，新大陆上所有的英国臣民人人难逃。

英国当局声称，征收这两种税都是供当地的防卫与安全之用，但此举却没有征求殖民地人民的意见。

再没有比这更令殖民地人民愤怒的了，根据英国传统，财产是和生命与自由紧密相连的，如没有本人同意或他所选代表同意，无人可以侵犯他的财产。殖民地普遍认为，殖民地的权利来自英王特许而不是英国议会，而且殖民地在英国议会没有代表，因此英国议会无权对殖民地直接征税。

当时的北美英属殖民地到处流传着一句话："无代表而征税乃是暴政。"此话出自一位叫詹姆斯·奥蒂斯的政治家之口。此君出身律师，曾是英王在附属海事法庭上的总辩护律师。7年战争期间，英国政府为了增加收入，大力整顿海关，颁布《搜查令状》，授权海关官员可以闯入任何人的房屋内搜查走私物品。

这一法令遭到人们的普遍不满。詹姆斯·奥蒂斯愤而辞职，并公开在法庭上反对《搜查令状》，他认为这些法令粗暴地践踏了人民的自由。他说："英国自由最重要的部分就是一个人房屋的自由。一个人的住宅就是他的城堡，只要他安分守己，他在城堡里就应当得到像王子一样的保护。"

奥蒂斯后来败诉，但迫于民众压力，英国政府撤回了《搜查令状》，奥蒂斯也成为殖民地人民心中的英雄。

在当时诉讼程序中有一位25岁的年轻人，叫约翰·亚当斯，他成为日后美国第二任总统，他满怀敬仰地说，奥蒂斯是"一团火焰！……美国独立就是在那个地方，那个时候诞生的；爱国者和英雄的种子就是在那个地方，那个时候播下的。反对大不列颠蛮横无理要求的第一个行动就是在那个地方，那个时候发生的"。

奥蒂斯也引起了某些人的忌恨。1769年，一个英国军官在奥蒂斯头部猛击一拳，致使他得了精神病。但奥蒂斯的影响却日益扩大，他的话广泛流传，常被引用，这已经预示着英国与殖民地人民之间的矛盾不断加大，殖民地的自主意识日益强烈，北美大陆的斗争即将到来。

而此时，英国的政府一些做法进一步扩大了两者之间的矛盾。

7年战争中，英国国王曾许诺，将阿巴拉契亚山脉以西的土地分给殖民地官兵作为奖励。但是战争结束了，英国政府为了酬答印第安部落的帮助，乔治三世的一纸诏书就将曾经的诺言吹到九霄云外，他说："严禁朕之所有忠良臣民在该地区购买土地或定居。"

说话不算数本就让英属殖民地人民不痛快，此时又出现了驻军问题。为了有效防御法国人，也为了达到有效控制殖民地的目的，英国政府在殖民地加大了驻军力量，英国议会还通过了《惩治叛乱法案》，要求有英军驻扎的地方当局要提供军营用房，并供应各种日用品和每人每天5品脱的啤酒，或四分之一品脱的糖蜜酒。

大英帝国的种种做法促使北美的殖民地走向联合与觉醒。

1765年为了抵制英国制定的《印花税法案》，有9个殖民地的代表聚集在一起，召开反《印花税法案》大会。也就是在这次会上，克里斯托弗·加兹顿使用了"American"(美利坚人)的概念。

加兹顿在演说中宣称："在这个大陆上，不应当有人称为新英格兰人、纽约人等，我们所有的人都是美利坚人。"

虽然会上存在争议，因为有些人认为自己是纯正的英国人，而这次大会的本意不过是团结起来，对付英国政府的不合法举措，与"美利坚人"有什么关系？

但是很快，"美利坚人"这个理念传遍了13个殖民地。

殖民地人民追求自治与英国政府企图加强控制的矛盾，成为独立战争爆发前美洲殖民地历史最为引人注目的政治问题。

"难道生命如此珍贵？难道和平如此甜蜜？以至于非要用镣铐和奴役去换取它们？我不知道别人何去何从，我的抉择是：不自由，毋宁死！"

在1765年年底，一个被称为"自由之子社"的秘密组织在波士顿诞生。其领导人是塞缪尔·亚当斯等人，这一组织发展很快，不久各殖民地几乎都有了类似的组织。

在"自由之子社"的领导下，城市居民放火焚烧成堆的印花，抢劫海关官员们的家，并迫使印花代售商辞职。1766年，《印花税法》宣布撤销。消息传来，13个殖民地一片沸腾，据记载，当时"灯火辉煌、篝火处处、彩坊林立、人群熙熙、火花满天，称美洲之空前情景也"。

但英国议会并不打算就此罢休，撤销《印花税法》的当天，他们宣称"不管在什么情况下"绝对有权制定管理和控制殖民地的法律。在1767年，又通过《汤森法》，凡是殖民地人们普遍购买的英国产品都要抽重税，而海关官员的工资则取决于他们从殖民地商人身上榨出多少油水。

面对这一情况，殖民地干脆抵制英货，虽然人们喝不到高级茶叶，买不到时尚的用品，但是本土工业却因为自力更生而发展起来，英国出口率下跌了38%。

英国议会派出英国军队对付特别不听话的波士顿。1770年3月5日，英军向一群聚集的当地人开枪，死5人，伤若干人，被称为"波士顿惨案"。这一事件激起了波士顿居民的反抗。有1万多人参加葬礼，之后又举行了声势浩大的游行示威。

就在这一天，英国议会被迫再次让步，撤销汤森税，只保留对茶叶的重税。此后两年，局势表面平稳，其实暗流汹涌。

英国于1773年为了帮助东印度公司摆脱财政困难，允许其在北美殖民地销售茶叶，并对每磅茶叶征收3便士进口税。反英人士认为，此举有利于东印度公司垄断殖民地的茶叶市场，因而掀起了新一轮的反英浪潮。

1773年12月16日，一群自由之子假扮成印第安人闯进波士顿港口，将堆积在东印度公司货船上的342箱茶叶扔进了大海里，使波士顿港变成了一个"大茶壶"，故名"波士顿大茶会"。

虽然手段激烈，但是此时的殖民地人们并没有与英国彻底决裂的意思，他们只是认为英国议会无权干涉殖民地的内部事务。人们仍忠于英王，只是希望"伟大的国王"给予自己大一些的自治权。

但在乔治三世和议会看来，这已经是大逆不道的叛乱行为了。英国本土的政治家们普遍对新大陆的人们不理解：没有代表权就不能征税？英国下辖的领土很多在议会都没有代表，不都在交税，谁也没因此造反呀！而且为了保卫他们免遭法国人的进攻，大英帝国的忠勇将士不是还在保卫殖民地的边界吗？他们怎么能如此忘恩负义？

一些官员向国王和议会陈述：殖民地的人们是"粗俗、无法无天的懦夫。……大炮一响就能使他们落荒而逃……"。

当然也有一些头脑清醒的人看出了其中的危机，埃德蒙·伯克就警告英国政府：武力只能逞威于一时，"一个永久处于被征服状态的民族，是无法治理的。"但是这些观点并不是主流意识，从国王到百姓，大多数人对此都是一笑而过。

国王和大臣们认为对于美利坚应该给予的不是自治，而是教训。

国王那位傲慢的首相诺斯勋爵曾经说："我绝不能接受一切人生而平等这种荒唐的见解。"作为英国首相，他绝不允许那些殖民地的人们挑战帝国和他本人的权威。

1774年，英国议会连续通过了五项强制性法令，也就是后来被称为"不可容忍的法令"，规定受马萨诸塞指控的英国官员只能在其他殖民地或者英国受审，英军可强行在马萨诸塞的空屋、谷仓或其他房屋中驻扎，取消马萨诸塞的自治地位，封闭北美最大的港口波士顿港，将13个殖民地以西的俄亥俄河流域和伊利诺伊的土地划归魁北克。

首相先生干脆下令说："新英格兰的各个政府已处于叛乱状态"，必须予以摧毁。

随后，英国派遣4个团的兵力抵达波士顿。英国的步步紧逼使殖民地的反英斗争变成了一股不可遏止的潮流。

在费城有一座建筑，被美国人视为圣地，那就是卡彭特斯大楼。1774年9月5日至10月26日，各殖民地的55名代表，在这里举行了第一届大陆会议。

这次会议是针对"不可容忍的法令"而召开。但是代表们刚开始并不团结，他们第一件要争执的事竟是由谁来做开幕祈祷。来自弗吉尼亚的代表帕特里克·亨利劝解道：

"在弗吉尼亚人、宾夕法尼亚人、纽约人和新英格兰人之间的区别不再是什么了不起的事。我不是一个弗吉尼亚人，我是一个美利坚人。"

在这次会议上，大陆会议通过了马萨诸塞提交的决议，宣布殖民地人民有"生存、自由和财产"的权利，而"不可容忍法令"是不公正和不合法的。

不过此时无人公开倡导"独立"，大陆议会还通过给英王的请愿书，希望在英帝国的体系内获得充分的自治地位。

对局势的发展，英国国王看得远比大陆会议的代表们更为严重，乔治三世认为形势已无可挽回，现在应当由武力来发言了，他说："新英格兰的那些政府现在处于叛乱状态，必须用战斗来决定他们是属于这个国家还是独立"，"殖民地不是投降就是胜利"。

1775年，英国议会颁布法令，把13个殖民地与英国以外的国家间的贸易予以断绝。

而在此时的弗吉尼亚，行政长官帕特里克·亨利敦促议会向民团提供装备，他发表演讲："……战争实际上已经开始了！北方吹来的下一阵大风将给我们的耳朵带来响亮的武器撞击声！我们的弟兄已经上了战场！为什么我们还站在这里不动？"

"难道生命如此珍贵？难道和平如此甜蜜？以至于非要用镣铐和奴役去换取它们？我不知道别人何去何从，我的抉择是：不自由，毋宁死！我镣铐的锁链声早已响彻平原。战争不可阻挡——让它来吧！我愿重复此句，让它来吧！"

在他的听众中，有一位代表，他的名字是乔治·华盛顿。

亨利后来虽然成为弗吉尼亚州的第一任州长，并两度担任州长，但他的地位和名声主要来自这篇慷慨激昂的演说。在他演讲3周后，独立战争打响了第一枪。

在离"五月花号"登陆不远处，有一个叫作列克星顿的小镇。小镇中矗立的一座铜像吸引着每一位后世的来访者。他一身平民装束，却手握步枪，警惕地注视着前方。

列克星顿被称为"美国自由的摇篮"。这个粗壮憨实的民兵铜像同端庄

【列克星顿的民兵铜像】

秀丽的自由女神雕像一样，被追求自由的美国人民所敬仰。

1775年4月19日，一队英军奉命前往马萨诸塞的康科德摧毁当地民兵的军需库，并逮捕反英领导人约翰·汉科克和塞缪尔·亚当斯。但这一行动被人发现。当英军途径列克星顿的时候，约翰·派克上尉和70名"1分钟民兵"（能够在1分钟内做好战争准备）已严阵以待。

英国人喝令这些人马上解散，这时一声枪响，双方发生交火，英军给当地民兵造成造成8死10伤。200多年来，一直没有查明，到底是谁打的第一枪，不过正是这一枪揭开了独立战争的序幕。

随后，各地的民兵纷纷赶到，沿途狙击英军，当英军撤回到波士顿时，伤亡达270人，此后又被围困长达9个月，直到1776年才撤到今天的加拿大。

1836年4月，美国哲人爱默生在他的诗句中写道：

湍流之上粗糙的拱桥边上
他们的旗帜在四月的微风中舒展飘扬
从戎征战的农夫
打响了震惊世界的第一枪

枪声响起，震动了13个殖民地，人民纷纷拿起武器，为独立自由而战。反对英国的武装行动很快席卷北美的广大地区，史称"独立战争"。

被杀死者的鲜血及造化的啜泣声在喊着：现在是分离的时候了！

一个殖民地人士在1775年7月写道："你不论旅行到全国的任何地方，你都会看到居民们在进行训练、制造枪支、铸造迫击炮和炮弹并进行射击，制造火药。"

列克星顿之战后不久，第二次大陆会议在费城召开，亨利再次大声疾呼："战争实际上已经开始了，我们的同胞已经走上战场了！"

议会同意开战并组建"大陆军"，他们委派华盛顿为总司令。

北美大陆风起云涌，但人们的思想依然很混乱。在威廉斯堡，两个人在讨论动荡的时局，一个说："我打算回家去（回英国）。"而另一个则淡淡地说："我已经在家里了。"

战争已经开始，却仍有许多人对与英国和解抱有幻想。在杰斐逊起草的《关于拿起武器的原因和必要的公告》中，也说"并不怀有野心，想要同大不列颠分离和建立独立国家"。

在7月8日的致乔治三世《最后的请愿书》中，急切希望恢复与英国之间的"原有和谐"。

甚至在华盛顿的麾下，军官们在就餐时还要为乔治三世的健康干杯，看来，反英人士还没有下定脱离英国独立的决心。

就在列克星顿战斗打响后9个月，著名的政治思想家托马斯·潘恩发表了他的小册子《常识》。这本仅有几十

【托马斯·潘恩纪念碑】

页的小册子在独立战争中发挥了不可估量的作用。

托马斯·潘恩，1737年生于英国的一个贫苦家庭，干过许多种职业。他对社会的贫富不均深恶痛绝，因此，他把自己的名字写成"Pain"（痛苦）。

1774年经富兰克林介绍，潘恩移民到北美殖民地。在这块土地上，他找到了归属感。他到达北美1年半的时候，列克星顿的小镇就响起了反对英国当局的枪声。

潘恩认为，这场战争的目的不应仅仅是要反对英国执政当局的种种经济盘剥，而是要争取殖民地的完全独立。

在他的宣传论著中，潘恩打破了人们对英王乔治三世的幻想，揭露了英国政治的腐败，号召北美人民尽一切努力，寻找新的出路，建立一个独立的新国家，为在欧洲遭到"放逐"的"自由"营造一个"避难所"。潘恩写道：

"北美的真正利益在于避开欧洲的各种纷争，如果它从属于大不列颠，被当作英国政治天平上一个小小的砝码，它就永远摆脱不了那些纷争。"

"被杀死者的鲜血及造化的啜泣声在喊着：现在是分离的时候了。甚至上帝在英国和北美之间设置这么远的距离，也有力地而且顺理成章地证明，英国对北美行使权力这点决不是上苍的意图……"

17

"如果你遭了殃，你还能同凶手握手言欢，那么你便不配被称为丈夫、父亲、朋友和情人，并且不管你这一辈子的地位和头衔如何，你都是个胆小鬼和马屁精……"

小册子在广大人民中引起了强烈共鸣。潘恩的思想和名言被人们奔走相告："啊，你们这些热爱人类的人！你们这些不但敢反对暴政而且敢反对暴君的人，请站到前面来！"

潘恩在自己的作品中呼吁："只要我们坚持不懈，不屈不挠，我们就有希望得到光荣的结果。胆小怕事，屈膝投降，其结果只有悲惨地接受各种灾祸。"

"在14世纪，英军全体将士对法兰西王国进行一番洗劫之后被赶回，吓得目瞪口呆。而这番英雄业绩只是由一位叫贞德的妇女率领拼凑的散兵游勇所干的。但愿上天也启发新泽西的某个女子去鼓舞她的同胞奋起，拯救她受苦受难的同胞，使他们免遭践踏劫掠之苦。"

潘恩喊出了许多人想喊而没能喊出来的话："独立，独立！"

这个小册子成了人民内心思想的表述，在当时的北美殖民地广泛流传。在两三个月之内，"独立"这个原本被视为大逆不道的词成为每个北美人的口头禅。独立战争的民兵们很多人口袋里都藏着潘恩的小册子《常识》。

华盛顿曾非常诚恳地说："《常识》使得包括我在内的许多人的心理产生了深刻的变化。独立和自由的精神在我们心中沸腾起来，我们不能屈服作奴隶，不能任人压迫和宰割，我们决心与这样一个不公正和不道德的国家断绝一切关系。"

华盛顿将军在写给朋友约瑟夫·里德的信中这样说道：托马斯·潘恩《常识》中正确的原则和无可辩驳的推理让所有人对独立的正确性深信不疑。

在福吉谷的战场上，华盛顿将军下令给士气低落的军队宣读《常识》，因为将军认为它有檄文的力量。

《常识》在只有250多万人口的北美殖民地很快就发行了50万册，但作者潘恩却没有因此收入分文，依旧清贫。因为他拒绝接受任何稿费或版税，只为了这本书能够低价印发，得以让并不富裕的人民广泛购买和阅读。

他的目的达到了。在《独立宣言》发表之前，他已经通过自己的著作，让《独立宣言》将要表达的思想变成人人理解的"常识"，普遍地深入民心。是潘恩的言论坚定了大陆会议代表们的决心，是《常识》加速了《独立宣言》诞生。

1776年6月7日，理查德·亨利·李在大陆会议提出一项决议，要求宣布13个殖民地应当是自由和独立的。

"我们认为下述真理是不言而喻的：所有人在被创造出来时就是平等的，造物主赋予他们若干不可剥夺的权利，其中包括生命、自由和对幸福的追求。"

1776年6月10日，大陆会议指定一个委员会起草《独立宣言》，由托马斯·杰弗逊执笔。

6月11日至28日，在杰弗逊费城住所的二层楼上就在一个简单而又轻便的写字台，写下了这份文件。7月4日，文件正式公布，这就是影响深远的《独立宣言》。

《独立宣言》其实是三个部分，一是基本政治原则，二是英国人做了什么？三是我们要做什么？

宣言列举了英国王权对殖民地人民实行专制统治的种种恶德暴行，申诉了追求独立的充分理由，并从政治原理上指出，政府统治的合理性来自被治理者的同意，政府只有在能够保障人民正当权益的时候，才是被需要的。

人民的生命权、自由权和追求幸福的权利是神圣不可剥夺的，拥有这些权利的人是生而平等的。一个政府对这些权利具有破坏作用时，人民有权废除这一政府以建立新的国家。而英国殖民当局就是这种必须废除的政府。

【自由钟】

《独立宣言》庄重地宣布："我们认为下述真理是不言而喻的：所有人在被创造出来时就是平等的，造物主赋予他们若干不可剥夺的权利，其中包括生命、自由和对幸福的追求。"

杰弗逊肯定所有的人都享有天赋的权利，正是为了保障这些权利，人们才设立政府。而乔治三世"一个如此罪恶昭彰的君主，其一切的行为都可以确认为暴君，实不堪做一个自由民族的统治者"。

正是由于乔治侵犯了这些天赋人权，才使各个殖民地力求成为"地球上的国家之一，自然法和上帝法认为它们该享受独立和平等国家"。

马克思评价《独立宣言》是全人类"第一个人权宣言"。

在费城独立广场上有一座两层的红砖楼，楼顶上耸立着白色的尖塔。这座建筑就是著名的独立大楼。

1776年7月4日，楼顶尖塔上的大钟敲响了，钟声是一个信号，告诉聚集在独立厅外的民众，《独立宣言》通过了！这口大钟因此被称为自由钟。

在闷热的独立大楼内，一群神情坚毅的人们在《独立宣言》上写下自己的名字。而此时，在不足100公里外，大批英军正在陆续集结，不久达到3万人，准备大举进攻纽约。

《独立宣言》在纽约宣读后，成群的市民冲到广场上，捣毁了乔治三世的塑像，然后把它熔成1.8吨铅，再制成子弹。

在一片战争气氛中，《独立宣言》给独立战争，给未来的美国确定了战斗目标。

在殖民地人民的武装斗争进行到第二年的时候，目标已经非常明确，就是要"摆脱英国王权的统治，争取殖民地的自由和独立"。

北美殖民地人民的独立事业在写作《独立宣言》的时代，还是命运未卜的。《独立宣言》的签名人之一本杰明·拉什在老年时喜欢讲一则轶闻：

1776年7月4日，当时大陆会议已经修改完成《独立宣言》，刚刚送交印刷，拉什无意间听到了另外两位《独立宣言》签字人的对话，一位是来自弗吉尼亚州的哈里森，另一位是来自马萨诸塞州的格里。

哈里森对格里说："格里先生，如果我们为现在所从事的事业而被绞死的话，那时我的情况会比你有利得多。我身胖体重，在几分钟之内就会咽气，而你身躯轻盈，到时候可得在空中晃荡一两个钟头才会死去。"格里微笑了一下，但马上就恢复了修改《独立宣言》时那种庄严肃穆的神情。

当时，如果美国独立运动失败，参与这场运动的重要分子是要被英国殖民统治者送上绞刑架的。只是这残酷的现实在这些追求自由的爱国者眼中只不过是云淡风清的玩笑。

这则轶闻表明，参加独立革命虽然有致命的风险，但这项事业还是让参与者具有一种庄严的使命感和义无反顾的勇气。这些人彼此保证：要把"我们的生命、我们的财产和我们的神圣荣誉"献给北美独立事业，贡献给伟大的理想——"平等"和"自由"。

在《独立宣言》上签名有上绞架的风险，而率领军队跟英国对垒的风险就更大了。承担风险最大的人，胜利后当然应该获得最大的荣誉，这就是华盛顿起初声望的由来。

7月9日，华盛顿接到《独立宣言》的正式文本后，激动异常地下令向全军宣读，华盛顿告诉将士们："《独立宣言》将进一步推动每一位军官和士兵以忠诚和勇敢来行动，领悟到现在在上帝的统辖下，国家的和平与安全将完全取决于你们手中武器的胜利。"

华盛顿不是拿破仑那种天才横溢式的将领，但他具有坚忍不拔的性格和对自己所从事的事业的坚定信仰，这使他屡败屡战，直到最后的胜利。

大国崛起 | 我们的独立和主权已经得到了确认

华盛顿早年参加7年战争，官至弗吉尼亚民兵中校，虽然不是职业军人，但他熟悉北美大陆，精通作战指挥，而且他了解英军的作战方式，这也是大陆会议任他为总司令的原因。正如约翰·亚当斯所说：

"在我心目中只有一个人适合这个重要的职务，他就是来自弗吉尼亚的华盛顿先生。就他作为一位军官的才干和经验而论，就他巨大的才能和卓越的品格而言，他定能赢得人民的赞同，团结北美各殖民地，共同奋斗。"

但是新生的美利坚面临的对手却是最强大的国家，拥有最广大的殖民地，是惟一开始工业革命的国家，在北美英军投入兵力达9万多人。

无论在经济上还是军事上，美利坚都只是一个小不点，与英国相差不止一个等级。在华盛顿赴任的时候，发现部队不仅良莠不齐，未经训练，而且缺乏弹药，全军弹药只有32箱，人均

9发子弹，不够发起一次战役。许多新兵的武器只是一把铁锹、铁镐，或者是一把绑在木杆上的镰刀。

士兵们别说按期拿不到军饷，甚至还常常饿着肚子。不满的情绪在军中滋长，人们经常大打出手，并且不愿续签从军契约。而在高级将领中，有些人忌妒华盛顿，散布流言攻击他，说他在战场上见死不救。

华盛顿说："这样一种肮脏、惟利是图的情绪弥漫着整个军队，任何可能发生的灾难都不会让我感到奇怪。"

华盛顿为此忧虑："要走的路到底有多远？路途上有多少坎坷和荆棘？我能到达胜利的彼岸吗？"

但华盛顿并没有拒绝人民赋予他的责任，这位曾在7年战争中与法国人作战的指挥官，拒绝接受每月500美元的薪金，带着没有受过多少训练的民兵走上战场。而华盛顿夫人和华盛顿之子都曾亲往军营慰问部队，激励士气。

富兰克林

在费城独立公园,有一所庭院被称为富兰克林庭院。

美国开国元勋富兰克林对这里充满感情,他年老的时候曾经为回到这里感到异常兴奋:"总算又住在这所妻子生活过又逝去、英国军人占据过又离开的自家的房子里了。"

1790年,富兰克林老人在这所住宅里逝世。按他生前的要求,他的墓碑上简简单单地写着"印刷工富兰克林"。

其实在人们心中,他的墓碑上应该是图尔格特设计的经典名言:"他从空中抓住了雷电,从暴君手中夺下了权杖。"

作为科学家,富兰克林探索出雷电的奥秘,发明了避雷针。

作为政治家,他在大陆会议和制宪会议上做了大量的工作,为美国的诞生立下不朽的功勋。

但是温和的富兰克林曾对这段评价提出过抗议,认为这赞誉超过了他所应得的,"它对我渲染过头,特别是关于暴君的那些;革命是许多才智、勇敢之士进行的,如果我能被允许分享其中一点点,那已经够光荣的了"。

1776年7月,英军统帅豪将军致函华盛顿,由于英国不承认大陆军,所以豪在信中以"先生"而不是"将军"来称呼华盛顿,这其实是不承认美国的独立,并把美军置于叛军的地位。华盛顿拒绝了这封信函。他表示任何与他的公职有关而又不写明这一公职的信函,他本人及其下属一概不能接受。华盛顿以此捍卫美国和大陆军的尊严。

英国信使只好口述信函内容:希望大陆会议和美军表示忏悔,求得英王宽恕。面对军威鼎盛的英军,华盛顿冷冷地说:"没有犯下错误的人是无需得到宽恕的。"

8月,英军将华盛顿的军队包围在纽约城中。大陆军面临着严峻挑战。华盛顿此时犯了一个错误,他分兵两处与英军作战,局势不利。

尽管华盛顿一再激励士气,他说:"生命攸关之际,我们要像一个人,一个战士一样撤离。"但美军依然损失惨重。在9月15日,英军开始进攻时,美军开始溃散,华盛顿非常愤怒,他站在溃逃的人群中,试图用马鞭把士兵赶回阵地,但没有成功。

1776年11月,是华盛顿和美军最艰难的岁月。3个月内,华盛顿丢失纽约和长岛,19000人的部队因为逃跑、伤亡和服役期满,只剩下不到6000人。年底,大多数士兵根据契约将回家,北美的独立的美梦似乎就要破灭了。人民开始绝望。

华盛顿的内心为此而煎熬，但他绝不轻言放弃。

跟着华盛顿南征北战的托马斯·潘恩在华盛顿的要求下写出一组雄文《美国危机》，他告诉士兵："考验人们灵魂的时候到了！……只有在此时经得住考验的人们，才值得受到全国人民的热爱和感激。……暴政同地狱一样是不容易被征服的。但是我们可以以此安慰自己：斗争越艰苦，得来的胜利就越光荣；得来的胜利越容易，赢得的尊敬就越小。"

美军士气为之一振。就在大多数美军按契约规定就要解散的时候，华盛顿发动了一次大胆的反攻。在寒冷的圣诞之夜，华盛顿在另一位将领不服从命令的情况下，以破釜沉舟的勇气，带领2400名官兵横渡特拉华河，突袭新泽西的特伦顿，穿着破旧单衣的士兵们在寒风中疾行，有两人被冻死。

但华盛顿的行动达到了突发性。后来成为美国第五任总统的詹姆斯·门罗中尉拼死夺取英军炮兵阵地，战局呈一面倒，毫无防范的黑森雇佣军乱作一团。此役黑森军被俘千余人，而美军的代价只是2死5伤，伤者中有日后的门罗总统。

【华盛顿雕像】

接着华盛顿又在普林斯顿给了英军狠狠一击。

奇袭特伦顿和普林斯顿的胜利，虽然没有根本改变独立战争的形势，但是扭转了大陆军一直打败仗的不利局面，粉碎了英军速战速胜的迷梦，它像黑夜中的一道闪光，给美国军民以胜利的希望。

被视为欧洲最杰出统帅的普鲁士国王弗里德里希二世称这两次战役是"军事编年史上最光辉的成就"，还送给华盛顿一幅肖像并题词"欧洲最年长的将军致世界上最伟大的将军"。

约翰·亚当斯后来说："从此人们不会再怀疑：一颗耀眼的将星正在冉冉升起，美洲和欧洲将会看到，震惊世界和改写历史的必定是这位谦逊质朴的将军。"

在此后的岁月里，华盛顿经受住了各种考验，他要求改设常备军，训练部队，改进后勤，和士兵同甘共苦。他避免与英军主力硬碰硬，采取更为积极而灵活的战略战术，像个耐心的北美老农小心侍弄自己的土地一样，一点一点地改变着敌我力量的对比。

而在此时，另一位伟大的战士在另一个战场上厮杀着，那里没有枪林弹雨，只有衣香鬓影和美酒鲜花，但对美国来说，其意义并不亚于华盛顿将军的沙场血战。

在独立战争期间，年届七旬的富兰克林大部分时间留在欧洲大陆，这位闻名欧洲的科学家和政治家为大陆军购买军火、商谈借款，装备投入战斗的民船，说服其他国家与新生的美国结成政治或经济同盟。这个老印刷工以国务活动家的才能赢得了尊敬。

一位后来的美国作家写道，富兰克林到法国还"不到一个月，举国上下都知道了这位老人。从比利牛斯山脉到默兹山，小贩叫卖着他的版画肖像和半身塑像。所有的鼻烟盒和剃须器皿为了时髦也必须印上这位'自由使徒'的和蔼形象。美丽动人的女士们戴着富兰克林手镯和耳环。举国上下都为富兰克林而发狂"。上流社会安排无穷无尽的大餐小宴恭请他莅临。

但对富兰克林而言，所有这一切只要有助于他的政治活动，都是乐于接受的。像战场上的华盛顿一样，富兰克林也是在为祖国服务，只是战线的构成不同。

富兰克林与法国大哲学家伏尔泰在社交集会上进行了热烈的拥抱，这一拥抱赢得了所有在场者的热烈掌声，也许人们是因为这两位伟大文化人士的历史性会面，但实际上这可以看作是法国启蒙理性精神与美国自由理念的亲密融合，后来在制宪会议上能够看到启蒙思想家的天赋人权理论、社会契约思想，乃至分权理论的影响，也就不奇怪了。

不过要指出的是，如果不是法国政府认识到帮助美国有可能使法国从英国手中夺回世界政治经济领导权的话，那么富兰克林的才干可能发挥不出如此绚烂的光华。

1778年2月6日，《法美友好条约》在巴黎签订，4个月后法国就向英国宣战。法国向美国提供了大量的军事装备和补给。

1780年6月，西班牙向英国宣战。

独立战争演化成了一场国际战争，改变了大陆居民孤军奋战的独立处境，使英国陷入了顾此失彼的被动局面。

一些来自欧洲的优秀军事指挥家也出现在大陆军中，比如法国的拉斐特侯爵和普鲁士的冯·斯图本男爵。

拉斐特来到美国时只有19岁，他不要任何薪俸，和士兵们同甘共苦，为美国寻求军事上的帮助，华盛顿视他如子，士兵们则用"弟兄们的好朋友"来称呼他。美国独立后，他曾两度访问美国，受到美国政府和人民凯旋式的欢迎。

冯·斯图本男爵是要求严苛的杰出军事教官，他对华盛顿的民兵们实在是不满意，曾经一再表示受不了这些"笨蛋"，但他并没有离开，而是继续整天骂骂咧咧地操练北美大兵们，训练出了第一支真正意义上的美国军队。拉斐特和斯图本这些欧洲志愿军对独立战争产生了积极的影响。

1781年，华盛顿率法美联军取得约克敦镇大捷，英军投降，投降队伍长达两公里，两边一侧是美军，另一侧是法军。队列中的英军泪流满面，他们奏起了一首流行歌曲：《世界变得天翻地覆》。

是的，北美大陆已然天翻地覆。

经过7年苦战，1782年11月30日，英国政府宣布停战。胜利的美洲殖民地派代表团前往巴黎，与英国代表团谈判。

1783年9月3日，在英国代表团的驻地，双方签订了《巴黎和约》。双方的仇怨并不如外界想像的那么大。独立的美国获得了英国的承认，从此拥有了国际法意义上的主权地位，英国还同意美国领土包括阿巴拉契亚山脉的广大地区。以此为条件，英国也可依然保有在美国市场上的一些重大利益，英国人认为可以借此拆开美国与法国之间的联盟。一位欧洲外交家评论说："英国人买来了和约而不是缔结和约。"

《巴黎和约》所确认的独立使美国对自己的未来充满美好的希望，华盛顿就此写道：

将军解甲

1783年12月23日，在坐落于马里兰州安纳波利斯的邦联国会会议厅举行了一个简短的仪式，但这个仪式却非常重要而关键。

书写过《独立宣言》的杰弗逊专门从巴黎赶回来设计这个仪式。他的方案是：华盛顿走进会议厅，坐在议员们对面，议长介绍，华盛顿起身鞠躬，向议员们致敬。议员们无需起立，只用手指轻触帽檐答礼。华盛顿用简短的话语交权，议长表示接收。

仪式虽短，却煞费苦心。所有的动作都表达一个意思，军队属于人民，军队的权力是人民赋予的，完成任务必须归还人民，军队不能凌驾于人民之上。

仪式完全按照杰弗逊的设计进行。华盛顿说："现在，我已经完成了赋予我的使命，我将退出这个伟大的舞台，并且向庄严的国会告别。在它的命令之下，我奋战已久。我谨在此交出委任并辞去我所有的公职。"

议长回答说："你在这个新世界捍卫了自由的理念；你已经给施压迫者和受压迫者上了有用的一课，你带着同胞们的祝福退出这个伟大的行动舞台；但是你美德的光辉不会随你的军职一齐消失，它将继续激励永恒的世代。"

整个仪式让在场所有人的眼中都饱含泪水，他们见证了一个历史性的时刻。如果美国有国王，那么他应该是华盛顿，如果华盛顿不当国王，那么谁也不能、不敢、不会成为美国国王。美国将是一个共和国。

将军解甲归田，弗农山庄多了一个老翁，人类历史上多了一位英雄。

"美国的公民正置身于一个令人最为嫉妒的良好条件之下。他们作为这一整片物资丰富、生活便利的大陆的惟一地主和所有人，现在已经被刚刚签订的令人满意的和约承认，拥有绝对的自由和独立。从现在开始，他们就是这个世界中最为引人注目的舞台中的演员。上帝让这个舞台成为展示人类伟大和幸福的特别所在。"

1783年11月2日，也就是《巴黎公约》签订的2个月后，美国陆军总司令华盛顿发表"告别辞"：

"我们同一个如此难对付的强国进行了战争，而且战争的目的已经完全达到。想到这一点只能激发起我们的惊叹和感慨之情。而美国军队在长达8年的时间内几乎忍受了所有可能的痛苦与挫折，他们所代表出来的无与伦比的坚韧精神正是一个永恒的奇迹。"

"我们的独立和主权已经得到了确认。"

为了这场战争，将军已然白发苍苍，在一次向部队宣读文件时，他不得不请求部下的原谅，允许他戴上眼镜来为将士宣读。所有的部属都为之热泪盈眶，因为大家都知道将军为了独立已奉献了所有，不仅是大量的财产，不仅是美好的年华，甚至连爱子也病逝于军营。

解甲归田的将军异常高兴地给拉斐特侯爵写了一封信："亲爱的侯爵，我终于成为波托马克河畔一个普通老百姓了，在自己的葡萄架和无花果树下休闲纳凉，看不到军营的喧闹和公务的繁忙。我此时所享受的这种宁静幸福是那些贪婪地追求功名的军人们，那些日夜图谋筹划、不惜灭亡他国以谋私利的政客们，那些时时察颜观色以博君王一笑的弄臣们所无法理解的。我企盼能独自漫步，心满意足地走完我的人生旅途，我将知足常乐。"

但事情并不如这位疲惫的将军所想像的那样，战争已经打赢了，但国家真的建立起来了吗？

【美国独立战争】

三、宪法立国

当约翰·亚当斯作为美国第一任驻英大使抵达伦敦赴任时,英国外交部的一位官员问道:怎么只有你一人来到伦敦?应该有13位大使才对呀!

此时的美国虽然在法理上已经成为一个独立国家,但在欧洲大陆的意识中,甚至在许多美国人自己的想法里,都没有把13个州看成一个统一的国家。

大国崛起 要么我们在一个领导之下成立联邦而结合为一个国家,要么我们就保持13个独立的主权国家,永远互相争吵!

独立后,大陆会议制定了一个《邦联条例》,1781年生效,建立起一个邦联制国家。此前已陆续宣布独立的13块殖民地,变成了这个新国家的13个州。

邦联的最高权力机构为邦联国会,未设行政首脑,这样一个全国政府没有什么实际权力。立法权、征税权、征兵权,以及制定对内对外经济方针的

大权等等,仍然由各州自行掌握。各州是实际上的主权国家。

此时的美国看上去只是这13个国家构成的松散联盟。

一些州擅自设立海关并互相征税,有的州试图以重税来偿还战争国债。拒绝交税的人被送上法庭,甚至赶出家门。一位战争英雄马萨诸塞的丹尼

尔·谢斯就是这样一个倒霉蛋,他甚至连拉斐特侯爵赠予的名剑都卖掉来偿还税款。一贫如洗的他一怒之下,带领一群农民揭竿而起。

谢斯主张:"全部财产是美国人民一道从英国人的统治下夺回来的,因此理应归人民全体所有。"

这一事件引起了美国的震动。杰弗逊非常同情谢斯暴动,他说:"在一两个世纪内丧失少数生命有什么关系呢?自由之树必须时常用爱国者和暴君的血来灌溉。它是自由之树的天然肥料。"

各吹各的号,各唱各的调,这一现实让不少美国独立运动中的元老和相当数量的民众非常失望。在他们看来,这种州不像州、国不像国的状态必须进行调整。

对于独立战争胜利后建成的松散邦联政体,独立战争时的美军总司令华盛顿写道:"要么我们在一个领导之下成立联邦而结合为一个国家,要么我们就保持13个独立的主权国家,永远互相争吵!"

华盛顿甚至怀疑美利坚民族能否生存下去,他在一封信中说:"如果不建立一个赋有控制整个合众国的权力的政权,我认为,我们作为一个民族,其灭亡将指日可待。"

年轻的亚历山大·汉密尔顿主张制定一部新宪法,建立一个拥有强大权威的全国性政府。他说:"权利似乎留给了这个国家的人民,让他们以自己的行为和榜样去决定这一问题,即不同社团的人们是否真正能够通过思考和选择建立好的政体。"

当然,很多人对于全国性政府的权力始终抱有一种怀疑的情绪,独立元老帕特里克·亨利就说,他"觉得其中大有问题"。

1786年,各州陆续同意派代表前往费城开会。他们最初的目的是想去修改《邦联条例》,而不是限制州权。但

【1777年《邦联条例》】

是没想到，这次会议后来变成制宪会议，制定了一部确立联邦共和政体的新宪法。

在独立战争已经胜利结束 3 年后的制宪会议上，对于如何设计一个完善的国家，代表们进行了激烈的辩论。这一辩论历时3个半月。这也是迄今为止，美国历史上最长的一次会议，共计116天。

代表们开会的最终目的是，既要建立一个拥有强效全国性政府的统一国家，又必须保障人民拥有选择统治者的权利和充分的个人自由。

如果在这两者之间能找到一个最佳平衡点，那一定需要深邃的思想、渊博的学识、绝伦的智慧、丰富的政治经验，更重要的是，还要有坚定而深厚的对自由的追求。

55位制宪会议代表的平均年龄是42岁。其中有8个人曾是美国《独立宣言》的签字人。基本职业是商人、银行家、律师、农场主，乃至州议员、州长，等等。

但是美国后来的发展证明了，55位代表耗时4个月的集体劳动成果，表现出优秀的精神品质。

在《独立宣言》的起草人托马斯·杰弗逊看来，这次会议是"一次神人的集会"，因为他们试图解决的问题是如此的庞大而又关键：怎样有效平衡联邦和州、政府和个人之间的权利、义务以及激情，让这个看起来孱弱的国家能够站稳脚跟，并获得长足发展？

大国崛起 我走在尚未踏实的土地上，我的所作所为将可能成为以后历届总统的先例。

1787 年 5 月 25 日，与会代表已经达到了法定人数，制宪会议正式召开。代表们对讨论过程严格保密，除了指定的几个人之外，其他代表都不能对讨论内容做笔记。武装的哨兵把守着会议厅的各个门口，窗子也被关了起来。

正式会议没有召开之前，宾夕法尼亚的代表、行政长官本杰明·富兰克林提议：由曾经率领美国军队夺取美国独立战争胜利的华盛顿担任制宪主席。提议得到了全票通过。

富兰克林是与会代表中年龄最大的一位，那一年他81岁。因为他是科学家、政治家，在美国享有较高声誉，用德高望重来形容他并不过分。富兰克林提议由华盛顿出任制宪主席是有他的理由的。

华盛顿在军队没有足够的枪支和军需，并经常处于饥饿的状态下，和士兵们同甘共苦，带领这支军队赢得了最终的胜利。有了这个胜利才谈得上美国独立。所以在美国独立事业中，华盛顿功居第一。而且华盛顿的威望更主要的来自于他的品德。

随着独立战争的胜利，有人担心华盛顿会成为美国的恺撒，而实际上却有军官上书建议华盛顿拥兵称王，在美国建立君主制。

在那一刹那，只要华盛顿稍一犹豫，美国是否成为共和国，美国是否是今天的美国，一切都将完全两样。

而华盛顿的选择是痛斥这位上书的军官，表示："我想不出我有哪些举动会鼓励你写这样一封信，我认为这封信包含着可能降到我国头上的最大的危害。……你不可能找到一个比我更讨厌你的计划的人了。"他断然拒绝拥立自己成为国王的计划。

在一个还是由国王（许多还是视权力为禁脔的暴君）统治的世界里，华盛顿放弃权力的举动是惊世骇俗而又充满魅力的。

当英国国王乔治三世得知华盛顿拒绝称王时，他说："如果华盛顿确实这样做，他将成为世界上最伟大的人物。"

为了表达自己无意于权力的诚意，1783 年 12 月 23 日，华盛顿特意来到当时国会所在地，马里兰的安纳波利斯，举行了一个庄严的仪式，正式把军权无保留地移交国会，辞去总司令职务，回到自己的弗农山庄。

英王可以相信这个事实了。

历史认可了华盛顿的伟大，不止是因为他拒绝当国王这一件事，他一再经受住了权力的诱惑，没有像无数的所谓盖世英雄那样在最关键的一刻丢失了自己。

1796 年，大多数人希望华盛顿连任第三届总统时，他像拒绝称王一样辞谢了。

早在华盛顿初任总统的时候，他就说过："我走在尚未踏实的土地上，我的所作所为将可能成为以后历届总统的先例。"

他不愿给初创民主制度的美国留下一个最高领导人恋栈专权的先例。他曾对一位友人吐露真情，说他当总统时的心情"同一个罪犯走向刑场时的心情没有什么两样"。但是他不能拒绝人民赋予他的责任。

权力不是华盛顿和美国的一批开国领袖人物们所想要的东西。他们是一群理想主义者，对他们来说，只要建成一个他们心目中的理想社会就可以了，个人富贵自始至终都不在考虑之内。在华盛顿们看来，为了长久把持最高权力而处心积虑是可耻而下流的。

华盛顿的确树立了一个榜样。杰

弗逊在第二届总统任期届满时，两党都要求他连任第三届。杰弗逊明确表示："华盛顿将军在任总统8年后自愿放弃竞选，树立了榜样，我要仿效他。再多几个这样的先例，就会对任何一个想要极力延长总统任期的后继者们排除惯例的企图增加障碍。"像华盛顿一样，在杰弗逊心目中，国家的民主制度建设永远高于个人得失。

这种榜样作用使迄今为止的40多任美国总统几乎无人超过连任两届，只有第二次世界大战特殊时期的罗斯福总统是个例外。

这种风范对美国制度的建设具有重大的促进和完善作用。

正是众多政治家的追求和人民对民主的支持，才保证了这个制度的确立和不断完善。这一系列的行为就好像釜底抽薪一样对最高权力进行制约，让人不敢去冒这天下之大不韪。这一制度后来扩展到全世界，今天大多数国家的最高权力都是有任期的。

离开总统职位的华盛顿回到自己的农庄，再次成了一个每天都可以在田野上骑马漫步的闲散农场主。

1年后，这个无职无权的田园老者溘然长逝的时候，全世界都为之悲痛。美利坚合众国尊他为"永远的国父"。

他的永恒荣誉来自于他对民族事业的无限忠诚和热爱，来自于他对国家民主制度建设的伟大贡献。

在1793年，华盛顿亲手拿起一把泥瓦刀，铲泥砌石，为美国国会大厦奠基。

55年后，美国人用华盛顿亲手用过的那把泥瓦刀铲泥砌石，为华盛顿纪念碑奠基。

1885年，华盛顿纪念碑完工。建碑的188块砌石由国内外政府、团体和个人捐赠，其中一块砌石来自中国。砌石上写道：

"华盛顿，异人也。起事勇于胜广，割据雄于曹刘；既已提三尺剑，开疆万里，乃不僭位号，不传子孙，而创为推举之法，几于天下为公，骎骎乎三代之遗意！其治国崇让善俗，不尚武功，亦迥与诸国异。余尝见其画像，气貌雄毅绝伦。呜呼！可不谓人杰矣哉！"

这段文字是当时清朝福建巡抚徐继畬所写。这位东方的学者型高官把华盛顿的武装斗争和谋求民族独立，同中国的陈胜、吴广起义，乃至曹操、刘备的武装割据相比，虽然有些类比失当，但他对于华盛顿不肯称王，不搞世袭制，而实行民主选举，几乎有天下为公的精神，是十分钦佩的。还拿来与中国上古理想的"三代"政治相比，推崇之高，可见一斑。

由此可见，美国的民主体制已经对中国清代咸丰年间的高级官员产生了深刻的影响。华盛顿的影响在那时已经是世界性的了。

我们今天是靠智慧来设计整个国家和政府的模式，我们不能将这些留给机遇、留给战争、留给征服！

尽管有华盛顿做制宪主席，尽管有德高望重的富兰克林的参加，整个制宪会议还是进行得异常艰难。各州的代表同意组建一个新的全国性政府，但在许多实际性问题上存在很大的分歧。整个会议弥漫了猜忌和争斗的气氛。

在几次大的争议中，富兰克林以他的政治智慧，劝说着每一位代表，他说：

"我们的代表各执一词，互不相让，这是令人非常痛心的。我们需要一种政治智慧，我们在努力地搜寻这个智慧。我们研究过古代历史中的政治模式，我们还调查了不同形式的共和制，许多国家在建国之初就播下了迷茫的种子，生生死死；我们也研究过欧洲列国，但没有一部宪法适合我们美国。我们今天是靠智慧来设计整个国家和政府的模式，我们不能将这些留给机遇、留给战争、留给征服！"

富兰克林认为，机遇、战争和征服是人类历史上创立新国家的仅有的几个动力，而这些动力绝不能在今后的美国出现。富兰克林庄重地提醒每一位代表，一个由13个州组成的共和国是一次高尚而大胆的尝试。这个尝试的前提是必须离开私利，离开个人的错觉，否则它会是失败的。

一天又一天，一个星期又一个星期，一个月又一个月，争吵仍在继续。

时年81岁的富兰克林是制宪会议的副主席。在外国人眼里，他是一个伟大的发明家、科学家。直到他去世很久，世界上不分国界的亿万人民还享受着他的发明所带来的生产效率和生活方便。但对于熟悉美国开国史的人来说，本杰明·富兰克林是像华盛顿、杰弗逊、麦迪逊一样的开国元勋。

富兰克林是土生土长的美国科学家和政治家，美国的前途就是他的命运。他把赢得独立的美国看成自己的爱子。为了制宪会议的顺利进行，他不得不动用自己全部的社会威望、政治才能、处事经验、社交智慧。

在制宪会议进展顺利时，富兰克林老人爽朗的笑声会使场面更加热烈；当争论不可开交的时候，他会讲一点趣事或笑话来缓解气氛。有时一些代表过于激动，老人会把他们请到自己的小休息室里平静一下，调出一副好心情之后再上场。

【制宪会议原址】

华盛顿将军的沉着，富兰克林老人的练达，各位代表们表现出来的明智和开通，大家对共和原则的认同与观念意识上的民主包容精神，使会议虽然充满争执，也还是能卓有成效地进行下去。最终在一些最激烈的争议点上都能达成协议。

制宪会议的记录人麦迪逊详细地记载了从制宪会议第一天到最后一天的每一个细节，每一次的争吵，每一次形成妥协后的共识。

从他的这份《辩论》，我们可以看到制宪会议一开始就充满争吵和辩论。别的不说，光是各州应选派几名议员进入国会的问题，就足够这些原本的谦谦君子们闹翻天。

国会议员是国家的立法代表，各州如果能为本州争取到较多的议员名额，将可能对本州的利益产生很大好处。人口多的州主张按照人口比例来确定选派的议员数，以争取自己的优势；人口少的州则坚决反对，因为自己将由于人口少，争取不到足够的国会议员数，而在国家立法机关中变得无足轻重。

在无数的口舌之战后，就各州向国会选派议员的名额问题上，终于达成了一个妥协：

国会实行两院制，众议院的议员就按照各州的人口比例来选派，以照顾人口众多的州；参议院的议员由每州选派两人，不论各州人口多少，以保障小州的平等地位。这也就是今天美国国会两院制的由来。

这使人口少的州也获得了足够得到尊重的地位。双方都不必追求自己利益完全彻底的满足，不谋求完全占上风，而是双方各自出让一部分利益，让对方也能获得有限满足，在利益平衡中实现合作，避免合作破裂。

争吵得更为激烈的联邦管辖权和州管辖权各自的权限范围也被明确了，联邦管辖权在国家立法、外交、军事、国税、铸造货币等方面得到集中实现；州管辖权在地方管理上行使。

权力之锁

美国国会大厦俯瞰着华盛顿哥伦比亚特区，这座由美国第一任总统华盛顿亲手奠基的大厦，对历任美国总统来说都是一个需要小心应付的地方。

美国的开国者们因为长久的自治传统，特别是英王乔治作为一个立宪制的君主依然对国家发展起到如此大的作用，使他们对一个坐拥大权的政治首脑怀有极大的忧虑，即使那些建议加强联邦权力的人士在这一问题的看法也是一样的。因此他们想方设法地约束总统权力。不仅是司法、立法制度上的约束，甚至在宪法中加上了弹劾权，对犯有"叛国罪、贿赂罪或其他重罪轻罪"的总统和其他行政官员进行弹劾，并予罢免。

这是一项很严重的行为，需要多数众议院议员提出弹劾，三分之二参议院议员同意后才能加以定罪并予罢免。

在美国历史上弹劾大多针对联邦法官，针对总统的只有3次。1868年，安德鲁·约翰逊遭到众议院弹劾，但在参议院被否决。1974年，尼克松总统因水门事件面临弹劾起诉，但尼克松以辞职中止了弹劾程序。1998年，众议院以克林顿在性丑闻调查时"作伪证"和"阻碍司法"而对他提出弹劾，但在1999年被参议院投票否决，得以延续任期。

虽然只有3位总统面临过弹劾，而且除尼克松辞职外，无一人被罢免。但总统们都知道，当自己犯了重大过失时，弹劾程序随时会启动。

《联邦宪法》规定：只有联邦政府可以统一规定并征收各种赋税，管理国内外的贸易，发行货币和调整币值，制定破产法，规范度量衡，设立邮局和开筑驿路，制定专利和版权条例等等。

在宪法框架内，美国具备了形成统一的国内市场的条件，而紧密统一的民族国家正是促进经济发展的最重大作用之一。对于一个大国来说，稳定统一的国内市场是经济繁荣的最重要基础，尤其在国家经济基础的奠定期，国内市场需求具有最为恒常而有力的拉动作用。美国走上富强之路的第一块踏脚石，就是这个统一的国内市场。

两种看来是相互冲突或抵制的权力，在理智的妥协后各得其所，相互支撑。

这是充满了理性精神的妥协，是保持尊严又充满建设性的妥协。

这种妥协是双方利益的对等出让，而不是阴险的诈骗或出卖。

这是不背离原则的明智机变，而不是丧失灵魂的背叛。

这是高瞻远瞩的综合，而不是固执于自身利益的狭隘专断。

在《联邦宪法》制定的时候，美国的一些区域还在实行奴隶制。这是许多人们不愿意看到的。但如果在这个问题上坚持，会严重影响《联邦宪法》的议定，甚至影响美国的统一。

一些代表促使实行奴隶制的地区保持现状，不再扩大，勉强可以接受。作出这样的一个有限妥协是有利于大局的。

现在不能马上解决的问题可以留给未来条件成熟时。每时每事都要求尽如人意，也许正是政治上幼稚的表现。

最终形成的美国《联邦宪法》，实际上是各参与方以民主的政治理性达成诸多建设性妥协的结果。但在这其中，很重要的核心还是对权力的制约与控制，代表们普遍认为权力的制约要靠制度，而不仅仅是人的道德和自律。

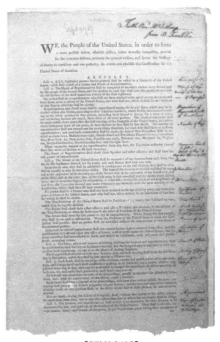

【《联邦宪法》】

为此，两位弗吉尼亚代表——詹姆斯·麦迪逊和埃德蒙·伦道夫进行了认真的思考。麦迪逊用了几个月时间阅读了许多历史和政治书籍。他想找个办法，既能建立一个有效而又有力的政府，同时还要满足人民保持个人自由的愿望。

麦迪逊思考的重点还是放在制约权力上，他说：如果人都是天使的话，那么我们还要政府干什么？既然行使公权力的人都不是天使，我们自然需要制约拥有权力的人。麦迪逊承认人性在权力诱惑面前的脆弱，他的对策是"分权与制衡"。

伦道夫出面提出了麦迪逊的计划，主张成立一个三权——行政、立法、司法——分开而平等的联邦政府。每一种权力都可对其他权力起到制约和平衡的作用。这一方案得到了制宪代表的认可。而那些大小州之间的权力分配、国家与州之间的权力分配都是在此基础上划分的。麦迪逊也因此被尊为"宪法之父"。

经过新宪法的确认，国家主权由州转移到合众国，合众国不再是13个州的松散联合，而是由美国人民组成的统一体，是一个中央政府拥有足够权威的联邦制共和国，并一直延续至今。

大国崛起 现在我终于高兴地明白了，这是一轮喷薄东升的朝阳，而不是一轮沉沉西下的落日。

从1787年5月至9月，经过将近4个月的频繁活动，紧张思考，激烈争论，劝说开导，谅解妥协，与会代表55人中已经有13人离会了，剩下的42人中有39人在《联邦宪法》的议定文本上签了字，有3人拒绝签字。

乔治·梅森是弗吉尼亚的代表，也是拒绝签字的人之一。他的宪法观是：宪法是一项社会契约，打算组织政府的人们在从人民手中拿走治理人民的权力以前，首先要保证把那些权力保留给人民，作为交换条件，使人民有避免、揭露、抵制、制止政府作恶的手段。世界上永远不会出现不犯错误、不生罪孽的政府。因此，评断一部宪法的好坏，人民的权利得到多少保障，是第一标准。

梅森始终坚持自由与权利是政府的基础。他是当年弗吉尼亚宪法中权利宣言的起草人。在制宪会议后期，梅森提出设立委员会，制定权利条款，被会议否定。

梅森指责宪法最后定稿授予总统权力太多太重，有君主制的倾向，给予人民的权利太少，不像共和制的宪法，因此拒绝签名。

会后，梅森向全社会公布自己的不同意见。在弗吉尼亚讨论批准《联邦宪法》的大会上，提出以增加权利条款为批准前提，不少州起而效仿，1791年，《联邦宪法》增加了前十条修正案及"权利法案"。

乔治·梅森是对《联邦宪法》明确提出异议的人之一，其实，即使在签字者中也还有不少人对新宪法并不满意。

富兰克林承认新宪法中的有些条

要的就是争论

在 1787 年 5 月 25 日开始后的 3 个半月里，这里门窗紧闭，许多新闻记者拼命想接近，却不得其门而入。因为有警卫人员荷枪实弹地把住了各个交通要道。为什么要如此如临大敌呢？当时和后来的许多人都提出过这个问题。

其实里面并不大，几十平方米的地方摆了十几张铺着绿色丝绒台布的会议桌，桌上放着蜡烛和零散和纸张、羽毛笔。但在那 3 个半月里，这里的空气凝重而紧张，55 位成年男子的脸上都是一副严肃的神气。116 天之后，他们完成了一部至今仍在使用的国家大法——美国宪法。

后来，麦迪逊在解释之所以要如此如临大敌地开会时，说：不是因为保密，而是如果允许人们旁观，那么这些代表们会因此不那么坦率、诚实，人们也不会如此激烈地辩论了。

他们要的就是争论，不是吗？

款是他所不赞同的，但他也清醒而真诚地承认了自己认识的可修改性："那些我今天不赞同的条款，我不能确定我未来有一天会不会还是不赞同。"

在当时独立厅的主席台上安放着一把高背椅，是华盛顿主持制宪会议时坐的，椅背上雕刻着一轮太阳。在制宪会议的最后一天，当代表们在这部宪法的大字文本上签字时，富兰克林凝视着主席座椅背上的太阳，对自己身边的代表说：

"在会议期间，我对会议的结果有时充满希望，有时又忧心忡忡。我总是一次又一次地凝视着主席台身后的太阳，分辨不出那轮红日究竟是在升起，还是在落下？现在我终于高兴地明白了，这是一轮喷薄东升的朝阳，而不是一轮沉沉西下的落日。"

在《联邦宪法》制定之前，世界各国的已有国家制度都是"自然形成"的，历史遗留的，或入侵者强加的。

美利坚合众国创造了一个前所未有的方式：它的国家制度是一群睿智而理性的人坐在一起，根据社会现实形势的需要，凭着自己对以往人类历史的了解，每个人的政治经验，还有自己的利益要求及未来打算，精心地"设计"出来的。

它证明了人类的理性能力完全可以设计出一个合理而有效的国家制度，并把它放到现实中去发挥巨大的国体规范作用，并创造出让设计者们骄傲的历史。"一张白纸没有负担，好写最新最美的文字，好画最新最美的画图。"

在美国建国后的200多年时间里，世界上平均每两个国家的政府就有一个被各种势力推翻，美利坚合众国的政府却一直延续到今天。

从国家的文明史来说，美国是十分年轻的。但它的共和制建国史却又是世界上最古老的。因为它在世界上第一个建成了疆土广大的真正共和国。马克思赞誉美国是"最先产生了伟大的民主共和国思想的地方"。

欧洲许多先进思想家的民主共和政治理想在美国变成了现实，这种国家制度延续了两个多世纪，直至今日。这个制度的设计蓝图就是最初写在4页羊皮纸上的《联邦宪法》。

参与制定宪法的领袖们知道，他们就处在"历史创造的现场"。他们坚信，随着《联邦宪法》的公布和生效，"历史已经越过大西洋，来到美利坚"。

但是，几十个人秘密设计出来的这个制度蓝本要让一个国家普遍接受，不是朝夕之功，辉煌的历史不会一夜之间就灵光毕现。而且，这几十个人聚集开会起初被指定的明确任务是修改《邦联条例》，并不是制定一个新宪法取而代之。从这个角度上说，制宪行动是违法的。

值得庆幸的是，这群制宪者的爱国至诚与这片土地上的人民之心是相通的。他们仔细的制度设计由于深刻理解了普遍的社会需要以及欧洲的思想精髓，而得到了广泛的认同。邦联体制的种种缺陷已经有目共睹，推行联邦制拥有深厚的社会基础。

【独立厅】

经过更加广泛的辩论，《联邦宪法》在各州陆续得到批准。而这样被接受的宪法是更加深入人心的，此后再有风波也难以撼动。这与强迫接受有着本质的不同。

依据新宪法，美利坚合众国政府设的行政权力由总统执掌。

1789年4月6日，华盛顿以全票当选了美国的第一任总统。

1789年4月30日，是美利坚合众国第一任总统就职的日子。许多群众自发涌向位于纽约的联邦政府大厦。他们挥舞着鲜花，高呼伟大的美国万岁，伟大的美国总统万岁。

在纽约市联邦大厦，华盛顿庄严宣誓就职，成为美国第一任总统。他手抚《圣经》说道："我郑重起誓，我将忠实地履行美国总统的职责，将竭尽全力维护、保护和捍卫美国宪法。上帝保佑。"他在演说时宣称："我能够保证做到的一切就是尊严和坚定。"

从1776年7月4日费城独立钟敲响，宣告美利坚合众国的独立，到1789年4月华盛顿正式当选美国第一届总统，历经12年的时间，美国才完全具备了一个主权国家的特征。

它有了立法机构——国会；司法机构——最高法院；行政机构——总统及下属部门；有了军队，有了统一的税收。12年的时间，一个真正意义上的美国诞生了。

华盛顿和他的部长们还要进一步打理这个脆弱的新生儿。

大国崛起 国家的联合使你们统一为一个民族，它对你们弥足珍贵，因为它是你们独立大厦的主要支柱，维护着国家的安宁与国外的和平。

华盛顿不愧是一位非凡的人物，他沉着而有序地解决国家的问题。他首先组建了政府机构，创建了总统办公系统，设置了国务院、财政部，还与英国、西班牙签署了一些重要条约，并批准创立了合众国银行。他从一系列旷日持久的英法之战中挣脱出来，宣布中立，同时又为国家消除了内乱的困扰。

在第一届行政部门中，华盛顿任命了两位性格与政治倾向迥异的人士，就是国务卿杰弗逊和财政部长汉密尔顿。

【乔治·华盛顿】

一个财政部长可以在一国历史中享有崇高地位者并不多见，而汉密尔顿就是其中之一。

华盛顿赴任时，国库里空无一文，摆在第一任财政部长汉密尔顿面前的只有高达5400多万元的债务。这些债务包括因独立战争欠下的债务和联邦时期欠下的债务。

汉密尔顿认为，必须立即想办法偿还债务，否则就难以确立联邦政府的威信。他从荷兰的一家银行借款还上一部分债务，余下的部分，则以国债的形式发给债权人，从而一次性地解决债务危机问题。

他出身低微，但天赋惊人，对美国经济和金融做出了不可磨灭的贡献。他不仅为还在幼儿期的国家设立了稳定的金融构架，还利用金融措施将美国各州团结起来，并巩固了联邦政府的权力。在他的倡导下，设立了国家第一合众国银行。这一银行保障了产业发展所需的资金以及政府稳定的财源。联邦政府以此为基础，巩固了自己的统治能力。

纸在魔术师手中变成了钱，经济在汉密尔顿的手中成了影响力巨大的政治权力。汉密尔顿至今仍被人们称为美国历史上最杰出的财政部长。

《独立宣言》的起草者杰弗逊和金融之父汉密尔顿之间的矛盾集中在联邦政府性质上，杰弗逊主张对中央政府的权力进行限制，向各州进一步放权。而汉密尔顿则支持一个相对说来强有力的中央政府。政治上的分歧逐渐演化为两个党派之间的争斗，共和党和联邦党的轮廓开始变得清晰起来。

这种交锋形成了相互制约的状况，成为美国第一任总统以来就存在的十分有趣的政治现象。这些不同政见没有带来政权的分裂，而是形成了美国两党制的基础，虽然此时的开国元勋们对党派实在是没什么好感。

亚当斯认为"派"是"最大的政治罪恶"。托马斯·杰弗逊有一次甚至赌咒说，"如果上天堂要先加入党派，我就不愿上天堂"。但是他们却不得不借助"党"和"派"来推行自己的政治主张，这实在具有反讽的意味。

1794年，华盛顿就任总统第5年，宾夕法尼亚州有4个县的农场主发动了起事。目的是反抗政府对他们生产的威士忌酒征收消费税，这一税种是由汉密尔顿设立的。华盛顿召集了13000名民兵，下令予以镇压。

事态平息了，但总统的行为遭到杰弗逊的谴责，尽管矛头不是那么直接。

华盛顿并没有对此表示后悔。他把这次起事看成是对民选政府的轻蔑，看作是对国家施政能力的威胁，甚至是对《联邦宪法》的挑战。这是不能容许的。保卫《联邦宪法》是他的神圣职责。他以这个行动表明了联邦政府有能力执行自己的意志，国家已不再是那个软弱松散的邦联了。

自华盛顿以来的40多任美国总统，都以保卫《联邦宪法》为第一职责。如果美国总统违反了《联邦宪法》，第一掌权人自己也要受到审判与弹劾。

《联邦宪法》使美国成为美国。它以对创新意识的鼓励，以及可扩容的空间和法制精神，给美国提供了一条适合他们自己的强盛之路。

1796年9月19日，经过8年的辛苦努力，美国已初具规模，它已经形成了自己一整套政治运行机制和法律规则，而华盛顿第二届总统任期已满，检视自己的成果，他很欣慰，但也很忧虑，他向人民发表了《告别辞》：

"国家的联合使你们统一为一个民族，它对你们弥足珍贵，因为它是你们独立大厦的主要支柱，维护着国家的安宁与国外的和平。保障你们的安全和繁荣，以及你们珍视的自由。但是总会有人以种种理由从各个方面不择手段地来动摇对这一真理的信念。因此，需要我们小心翼翼地保护这个国家，要义正词严地反对可能分裂国家的任何企图。"

华盛顿发表《告别辞》的这一天，离防止国家分裂的美国内战爆发还有55年。

这是国父的深切忧虑，他睿智的目光穿透了历史，而历史证明了他的预见。

大国崛起 | 今天是4号了吗

继华盛顿之后，约翰·亚当斯和托马斯·杰弗逊先后成为美国总统。这两位开国元勋本是好友，杰弗逊比亚当斯小八岁，亚当斯非常欣赏杰弗逊的才干。但建国以后，双方的治国理念发生分歧。政见差异损害了两个人的友谊。

当杰弗逊就任第三任美国总统时，亚当斯寂寞地返回老家昆西小镇，他不愿参加老朋友的就职典礼。两人之间破裂的友谊似乎如同他们的政见一样永远无法调和。

当杰弗逊也卸任之后，他们共同的朋友、《独立宣言》的签署者之一——拉什却对这对老冤家描述了自己的一个梦：拉什梦见两人恢复通信，共同分析彼此的政见，分享美国的光荣，最后双双去世。

这一次，两个老冤家非常一致，他们都不打算照着拉什梦里的剧本情景行事。

但拉什的梦还是对他们产生了影响。两年后，亚当斯对一个朋友表达了对杰弗逊的友情，杰弗逊马上致信对亚当斯的政治敏锐度和判断力表示钦佩。而亚当斯的回礼是"家织的两匹土布"——亚当斯之子约翰·昆西的两部著作。

拉什对此非常高兴，他致信亚当斯："我很高兴您和老朋友杰弗逊先生终于恢复联系。我把你们看作是美国革命的南极和北极。一些人谈论过，一些人写过，还有一些人为美国的改进和建设战斗过，而您和杰弗逊先生却为我们大家思想过。"

此后两人一南一北开始了长达14年间的著名通信。他们在通信里，讨论着美国独立和建国几十年里各个重大历史关头的问题与决策，是是非非都在最理性的状态下作了交流和判断。特别是对于他们最大的分歧——精英政治和平民政治，研究得更为深入。

1826年，是美国独立50周年，此时《独立宣言》的签署者只剩3人了。美国独立和亚当斯与杰弗逊的友谊是这两个老人最温馨的回忆。7月3日，杰弗逊突然昏迷，最后一句话是："今天是4号吗？"拖到4日中午，也就是当年人们开始在《独立宣言》上签名的时候，杰弗逊逝世。几乎同时，亚当斯突然中风，4日下午逝世。50年前的此时，美国诞生。

拉什的梦成为了现实。同时，这也似乎成了一个暗示。

亚当斯和杰弗逊的通信对美国的发展产生了巨大作用。

国家制度并不是天生完美无缺，也不是一经确立，就可以一劳永逸。开国元勋们未曾完成的问题，有一天变成了关乎美国生死存亡的大事情。

四、兄弟阋墙

我希望站在满是棉花的土地上／古老的时光难以忘怀／看吧看吧／尽情地看吧／迪克西的土地是我出生的地方……

这是一首在美国非常流行的南方歌曲，它的歌名叫《迪克西的土地》。

"迪克西的土地"，原本是指路易安那州和新奥尔良，它后来逐渐变成了整个南部的代名词。正如歌中所描绘的：美国的南部，那是一个美丽的地方，肥沃的土地、丰富的作物，盛产有"白色黄金"之称的棉花。正是这些，一度支撑着美国这个农业大国。

然而，这样富饶而美丽的土地，很快在战争的摧残下变成焦土，华盛顿在离职时所担心的问题终于发生了……

1860年12月，南卡罗来纳州召开州代表大会，宣布脱离联邦。以美利坚合众国为名的联邦岌岌可危。随后的1个多月，南部又有6个州效法南卡罗来纳州。

是什么让这些州不惜分裂国家、走上独立的道路？

大国崛起 | 一个悲剧集子的首页

1829年，一位叫戴维·沃尔克的服装店老板写了一篇文章，他叙述了这样一个现象：

在当时美国南卡罗来纳州的报纸上的一篇文章，认为土耳其人是世界上最野蛮的民族，因为他们对待希腊人就像对待野兽一样而不是将之作为人来对待。但就在同一张报纸上有一则广告："8个体格健壮的弗吉尼亚和马里兰的黑人小伙子和4个黑人少女定于今日卖给出价最高者。"在这张报纸上还有一个通告,高价悬赏捉拿3个黑人奴隶。

沃尔克在文章中愤怒地说:"在暴君和魔鬼的淫威下,这个国家南部和西部的黑人生活在无比的不幸、愚昧、凄惨和贫困之中。……美国人……看啊,你们已经危在旦夕了!除非你们悔过自新,不然很快就要灭亡了。"

但是沃尔克,这位奴隶之子并没有看到奴隶制的覆灭,他在1年后被人毒死。

沃尔克所描述的现状其实由来已久,早在"五月花号"抵达新大陆前一年,1619年,距离他们登陆点以南500英里,一艘荷兰船运来了20余名黑人。虽然"五月花号"上的人们对此一无所知,但这意味着"五月花号"所代表的美国精神刚刚萌芽的时候,黑人也已踏上了美国大陆。

使用黑人奴隶从事各种劳作,从17世纪下半叶在北美大陆普遍形成,遍布于当时的各个殖民地,而且已经形成了一种社会性的制度,确立了白人对黑奴的绝对权威,几乎剥夺了黑奴的一切权利。

美国独立战争胜利后,不少人主张废除奴隶制,甚至在制宪会议上也提及这个问题,但因南方各州阻力太大,而暂时搁置,留给后人解决。北部和中部的奴隶制相继被废除,但在南部却保留下来。

洁白的棉花在19世纪上半叶被视为"白色黄金",在当时是美国南部经济的支柱。1793年伊莱·惠特尼发明了轧棉机。这种机器虽然简单,但它能很容易地使南方种植的"高地棉"脱籽,轧棉的效率一下子提高了50倍。

对南方的庄园主们来说,这个消息简直就相当于在自家棉花地里发现了金矿。但与此同时,这也意味着农田里需要更多的廉价劳动力,也就是说他们需要更多的奴隶。

最多的时候,从美国南部出口的棉花占世界棉花供应的四分之三,欧洲大陆和北美棉纺织业都仰赖南部的棉花。

正是这一点使得南部奴隶主有恃无恐。一位南方参议员甚至在参议院狂妄地叫嚣:"如果不供应棉花,将会发生什么呢?……英国会人仰马翻,除美国南部以外的整个文明世界也将随之倾覆。不,你们不敢向棉花宣战!世界上没有谁敢向它宣战!棉花就是大王。"

"白色黄金"不是从天上掉下来的,白色的棉花背后深藏着黑色的罪恶。

农业之力

人们在谈到内战时，经常会突出《解放宣言》的力量，认为北方最后击败南方是因为它站在人类道德天平之上。这固然是一个具有决定性作用的因素，但也不可否认北方拥有的经济优势所发挥的巨大作用。

不必说工业力量，即使是在农业领域，北方也拥有了相当的优势。当南方的奴隶主仍津津乐道于棉花的威力时，却忽视了北方小麦的力量。

内战爆发时，全国的割草机和收割机才12500部。到1864年时，单是北方总数就达25万部。在内战期间，北方的小麦产量将近2亿蒲式耳，比1860年全国总产量还多。在玉米和其他农作物方面也有类似的增长，北方农民出口粮食的数量非常可观。

北方大量出口的粮食击败了南方的棉花外交政策。此时的英国农业歉收，他们不打算冒饥荒的风险承认南方政权，法国也学英国的样子。两国都不敢公开站在南方邦联一方，任由棉花在被封锁的南方港口烂掉。

当时英国的流行歌曲唱道："老王棉花去世已埋掉，新王小麦年富力强呱呱叫。"

这种劳动密集型产业需要大量劳动力，对南方大种植园主来说，没有比奴隶制更好的摇钱树了，使用黑奴不用付工钱，还能使他们超负荷工作，大大降低了种植棉花的成本。正是数百万黑人的血泪和艰辛劳作造就了奴隶主的利益。

大批黑奴被南方白人种植园主用于种植棉花。这种劳动密集型产业需要大量劳动力。于是，保护奴隶制也就是南方大种植园主集团在保护自己的特殊利益。所以，他们希望奴隶制能长期合法化。与此期望相适应，在1808年海外进口奴隶贸易被禁止后，国内的奴隶贸易也就成为一桩大买卖，在南方城市或乡镇，都会定期举办奴隶拍卖，黑人像牲口一样被展览，一个黑人壮劳力的价格可以达到1500美元。

棉花作为"白色黄金"壮大着南方各州的利益，而背后是无数黑人的艰辛劳作，甚至是血和泪。越来越多的人对这一制度给予抨击，并设法寻找解决这一制度的方法。

但南部奴隶主集团不仅要保留这一制度，而且还要使它向新获得的土地上扩张。国会曾发生数次大规模的辩论。1820年的"密苏里妥协案"规定，北纬36度30分以北的西部土地上永远禁止蓄奴，而以南地区则允许奴隶制的扩张。

亚当斯将此称为：一个悲剧集子的首页。杰弗逊说这场争吵"就像夜间响起的火警让我突然惊醒，令我充满恐惧"。

悲剧还在不断上演，奴隶们越来越无法忍受。北方作为大工业集中的地域，新兴资产阶级企业家需要大量的自由劳动力，他们深受缺乏自由劳动力之苦，他们也无法忍受这个悖逆时代潮流的可耻制度。

大国崛起 在令人发指的野蛮和厚颜无耻的伪善方面，美国的确是举世无双！

1852年7月4日，美国著名的废奴运动演说家弗雷德里克·道格拉斯应邀在罗切斯特的美国独立纪念日集会上演讲，人们都以为他会按惯例颂扬美国建国历史，却不料他语惊四座。

他说："公民们、同胞们，对不起，请允许我问一声：为什么今天叫我在这里发言？你们的国家独立与我以及我所代表的人们有何相干？你们的7月4日对美国黑奴有何意义？"

道格拉斯出生就是奴隶，没见过父母，久经磨难。他的情绪代表着美国黑奴的普遍情绪，人们不仅对这个制度深恶痛绝，甚至连美国的国家品格都表示怀疑，正如道格拉斯所说："不论你们走到哪里，不论你们在哪里寻觅，游遍旧大陆的所有君主国和专制国家，踏遍整个南美洲，收集所有残忍的记录直至穷尽，然后把你们的调查结果与美国每天发生的事作个比较，你们会得出与我一样的结论：在令人发指的野蛮和厚颜无耻的伪善方面，美国的确是举世无双！"

美国，以自由平等的新国家自居的美国，在其他国家早已摈弃了奴隶制度后，竟然将这种制度延续了长达200多年，这实在是莫大的讽刺！《独立宣言》所说的人人生而平等在道格拉斯们看来

战神之锤

内战是一场现代化战争，美国大地成为检验科技成果的舞台，铁路、电报、侦察气球、鱼雷、铁甲战舰、潜艇统统都派上了用场。杀伤力不强的武器统统被淘汰。

北军士兵在战争后期甚至装备上了卡宾枪，能连射七发。南军士兵抱怨说，该死的北佬，星期一把子弹上膛，可以打整整一个星期。

虽是一句玩笑，但内战，这场兄弟之争、统一之战成为美国历史上迄今为止死亡率最高的战争。

只是空洞的许诺，因为在美国有一大类人就从来没有过"生命、自由、追求幸福"的权利。

而在此群情汹汹之时，美国仍有一股庞大的力量力图扩大奴隶制。

1854年国会通过法案允许西部新开发的领地的选民们自行决定是否实行奴隶制。

1857年，最高法院判定黑人不是美国公民。

1858年，一个叫约翰·布朗的白人在密苏里杀死了一个奴隶主，解放了11个奴隶，并和奴隶们一起逃到加拿大。

1859年，这位20个孩子的父亲，坚定的废奴主义者，带领5个黑人和17个白人，占领弗吉尼亚的一个军工厂，试图武装奴隶。虽然经过一场血战后，布朗被捕，以叛国罪、谋杀罪和煽动叛乱罪的罪名被绞死，但他却赢得了对奴隶制度的胜利。他在法庭上说：

"我相信，如我过去所做的那样……为那些受人鄙视的上帝可怜的孩子们进行干预，不是错误而是正确。"

除了战斗的形式之外，当时还有许多白人通过秘密渠道解救奴隶，帮助他们逃离奴隶主，到北方或加拿大隐姓埋名，在南北战争前有7.5万黑人奴隶在大约3000名废奴主义者的帮助下逃离南方。而布朗代表着北方废奴主义者的基本立场，他的执着和

坚定使他被整个美国北方视为圣人和英雄。

在五六十年代的美国，北方与南方的矛盾，自由与奴役的矛盾，都似乎已经到了一个不可调和的程度。美国朝野有识之士忧虑重重，他们感觉到一个巨大的危机已降临在美国的头上。

1858年，在伊利诺伊州，有两位人士竞选参议员，一位在当时大名鼎鼎，叫斯蒂芬·A·道格拉斯，另一位当时默默无闻，他叫亚伯拉罕·林肯。

他们两人在竞选活动中在全州范围内开展了一系列的辩论。道格拉斯认为：这个国家是建立在这样的基础上的，即每个州都有权根据自己的意愿决定奴隶制的存亡。……而各州不应指责兄弟州的政策。

道格拉斯的观点代表了美国许多人对州权的认同，有人曾说过这样的话来讽刺州权："要求任何一个州放弃其权力的一部分那就等于要一位女士放弃她的一部分贞操。"

林肯的回答是：这场争论的真正问题在于……一派观点将奴隶制视为邪恶，而另一派却不把它视为邪恶。

在此之前，林肯就在另一次演说时指出：

"照我看来，对奴隶制的鼓吹要直到一场危机的降临和蔓延才会了结。'裂开的房子是站不住的'。我认为这个政府不能在半奴隶制半自由的状态

下长存。我不希望这个国家分崩离析——我不希望这个家庭灭顶倾覆，但我确实希望它结束分裂的状态。"

林肯最终赢得了公众支持，但遗憾的是参议员竞选却失败了，因为当时的参议员由立法机关选举产生而不由公众投票产生。但这是一场虽败犹荣的战斗，林肯开始被人们所瞩目，并成为共和党的全国领袖，以及1860年总统大选的竞争者。

1860年11月6日，亚伯拉罕·林肯在总统选举中获胜。林肯是反对奴隶制扩张的共和党代表，他当选的消息一经传开，南方部分州立刻强烈地要求退出联邦国家，美利坚合众国的国体遭到了空前的挑战。

美国自建国开始到今天的两百多年中，惟一的一场内战——美国历史上最为血腥、代价最大、最具毁灭性的内战即将在自由与奴役的主题下展开。

我依据职权，正式命令并宣布凡在上面指明的各州及一些州的部分地区之内作为奴隶被占有的人，从现在起永远获得自由。

1861年3月4日，在华盛顿特区国会大厦的台阶上，一个高个瘦削男子，新任美国总统林肯宣誓就职。当时国会大厦的扩建还未竣工，林肯是在脚手架下面发表演讲的。在交通要道和国会大厦窗口，布置着陆军的神枪手，以防南方有人行刺新任总统。

林肯不像大多数北方人那样心事重重，显得非常沉稳。此前，南卡罗来纳等7州已经于2月4日组成"美利坚合众国"，简称南部邦联，美利坚合众国在南方的控制除了两个军事堡垒，已经全部失去。

南部邦联总统杰弗逊·戴维斯在就职典礼上挑衅说："如果出于共同利益的正义感，允许我们和平地追求我们自己的政治目标，那就满足了我最迫切的愿望。但是，如果不允许我们这样做，如果我们的领土完整……受到攻击，那么我们就只有……诉诸武力！"

南方的领导人最欣赏的论调就是，如果南部不再与北部进行商业贸易，那么"纽约大街上将杂草丛生"。

面对戴维斯的挑衅，林肯回应显得坚定而大度："一根根不可思议的记忆的琴弦，从每个战场和每个爱国志士的坟墓，伸展到这片辽阔土地上每一个充满活力的心房和每一个家庭，只要我们本性中的善念依旧，而且一定会加以拨动，它们终会重新奏出响亮的联邦大团结的乐章。"

但不是每一个人都像林肯那么坚定。美国军队中的南部军官处于两难选择，是留在共和国军队还是效命家乡，许多人为此苦恼，其中有一位叫罗伯特·李的军官，他不愿将长剑对准家乡，更重要的是他虽然不喜欢奴隶制和分裂，但他认为蓄奴权和是否留在联邦内应由各州自己决定，联邦政府不能武力干涉。几番斟酌，他回到南方，后来他使林肯总统大为头痛。

【林肯纪念堂】

历史同李将军开了个玩笑，一个反对奴隶制，也反对分裂的将军，却成了南方"叛军"的总司令。

1861年4月12日，南部邦联的军队为争夺位南卡罗莱纳州的萨姆特要塞，向星条旗开炮，内战打响。消息传来，北方一片哗然，人们愤怒地说："射向萨姆特要塞侮辱性的第一炮，等于打了全体热爱美国的同胞一记耳光……因为飘扬在那被攻打的要塞上空的，是我们最尊重的宝贵象征……"。

而南部邦联则得意洋洋，一位作家写着："……男人都准备上战场，纤柔的女人也以同样饱满的热情，微笑着欢送她们的丈夫、儿郎奔赴前方。"

此时战场上的双方士兵也说着同样的语言，双方指挥官们常常发现对手就是西点军校的老同学，而双方的口号猛一听也全然相似，都举着爱国主义的大旗。不过在实质内容上却全然不同，南方"爱国"是为了保卫分离出去的"邦联"，北方则是维护美利坚共和国的统一。

区域分裂最终走向武装对抗。如果不能坚决抵制，国家分裂将成为必然。

林肯对于奴隶制带来的南北分化的局面十分担心，他在演讲中提出，一半是奴隶制一半是自由制的政府是无法存在的，就像一个分崩离析的家庭是难以维持的一样。联邦不能解体。

由此也可以看出，美利坚联邦政府必须打赢战争的目的在于阻止国家分裂、维护国家统一。后来，战争的意义发生了变化，《解放宣言》的发表使战争增添了更多的道义色彩。

林肯此时表现出了他作为一个杰出政治家的果敢，他行使了开国者们所不敢想象的权力，他扩充军队、封锁南方海岸、筹措战争经费，这些都是在国会授权之前就先付诸施行了。虽然有人大骂他是独裁者，但他对此毫不理睬。后世许多历史学家认为，如果林肯不是如此果决，美利坚合众国可能永远陷于分裂。

战争开始时，摆在林肯面前的局势似乎非常有利，北方资源丰富，工业发达，人口达2100万；南方工业落后，人口只有900万，包括350万黑奴。北方铁路线总长21700英里，而南方只有9000英里，而且北方的农产品更是大大超过南方。

但战争有时候不完全按照力量对比的逻辑进行，未经严格训练的北军被南军击败，在南方联盟内部充斥着"向华盛顿进军"的喧嚣。而林肯任用的将军不甚得力，北军连连受挫，败于罗伯特·李将军之手。怎样才能扭转形势？

1863年1月1日上午，一个重要文件的签字仪式开始了。

当文件放在林肯面前的时候，他两次拿起钢笔，又放下，他的手臂因为一直接见客人，同人握手太多，以至手臂有些僵硬麻木，他担心写字时手会发抖，让人觉得他在签字时心情是懊悔的。

林肯转过身来对国务卿说："从今天早晨9点钟起，我的手一直在发抖，我的右臂几乎瘫痪了。如果我的名字将载入史册的话，那么重要的就是在于这个法令。我的灵魂都寄托在它里面了。"

林肯镇静了一会，又拿起钢笔，坚定而沉缓地在上面写下"亚伯拉罕·林肯"。

这份文件就是《解放宣言》。

《宣言》郑重宣告："我依据职权，正式命令并宣布凡在上面指明的各州及一些州的部分地区之内作为奴隶被占有的人，从现在起永远获得自由；合众国政府行政部门，包括陆海军当局，将承认并维护上述人的自由。……我真诚地相信这一措施是正义的措施，它合乎宪法的规定。"

《解放宣言》给南北之间的战争赋予了巨大的道义价值和力量，原本是为了国家的统一，而现在是为了人类的自由尊严。

这份宣言开创了美国历史的新纪元，也震动了全世界。

在伦敦，美国的历史学家亨利·亚当斯写道："《解放宣言》在这里帮了我们大忙，比过去所有军事上的胜利和

【林肯签署解放黑人奴隶的宣言】

外交谈判的作用都大得多。在整个英国,宣言惊人地几乎使人们都站到我们这一边来。"

任何一个摇摆不定的欧洲强国都不敢背负不义的罪名去支持南方,即使有的国家对南方抱有好感。

宣言使北方人民精神大振,波士顿、匹兹堡、布法罗等市都鸣放礼炮100响,以示庆祝。各地庆祝活动一连持续了几个月。

《解放宣言》广泛赢得人心。对不人道的旧制度施以毁灭性的打击,自由的内涵获得了新的历史高度,让民众对共和国树立了更坚实的信心,稳定了人民对民主执着的希望。

数以百万计的奴隶成为自由人。许多被解放的黑奴加入北方军,成为骁勇的自由战士,北方军的兵源大为充实,在北方的陆海军中,黑人多达21万多人。

随后有50万黑奴从种植园逃跑,南方的生产形势大受影响,主要的种植业产品棉花急剧减产,生产出来的棉花也无法出口,经济力量渐渐难以支撑战争需要。粮食短缺,饥荒降临,士气低落。

南方心惊胆战地大骂《解放宣言》是"美国历史上最惊人的政治犯罪⋯⋯。"

1863年，林肯任命的格兰特将军率领北方军连获大胜，北方的经济和工业优势日益显著。而此时的南方用李将军的话说："在一个团内……只有50人脚上的鞋还可以穿一阵，最近执行警戒任务的一个旅……由于鞋子和被褥不足……不得不把许多战士留在营房内。"

在后方，局势也一样凄凉。

1863年10月22日，南方的一位人士在日记里写道："昨天在卡雷伊大街上，一位可怜的妇女向一位商人买一桶面粉。商人要价70元。那位妇女惊叫道，'天呀！我怎能付得起这样的价钱？我有7个孩子，我可怎么办？'商人冷酷地说，'我可不知道，太太。要不你就吃你的孩子吧。'"4个月之后，在里士满一桶面粉的价格是250元。

南方已无力支持战争，李将军拼尽全力挥军北上，试图力挽狂澜，在胜利的基础上谈判和平。

葛底斯堡坐落于华盛顿以北大约100公里处，如今这里宁静而安详。

1863年7月2日，这里曾经爆发过一场美国历史上空前的激战。它的激烈程度甚至超过了独立战争中的任何一场战役。这是内战中的一次历史性决战。

南军约有兵力7.5万人，北军9万余人。经过3天惊心动魄的厮杀，葛底斯堡宁静的原野血流成河，尸横遍野。两方共计死伤近4万人。这场惨烈的战争成为北方胜利的关键之战。面对牺牲的将士，李将军喃喃自语："都是我的错。"

捧着胜利果实的林肯也没有胜利者的骄狂之气，他发表了著名的葛底斯堡演说，言简意赅地重申建国理念——"人人生而平等"，号召人们努力建设一个民有、民治、民享的政府。87年前，美国立国时所说的人人生而平等并不包括黑人，而此时没有人怀疑这一理念中所包含的那沉甸甸的分量。

在战争还在进行的时候，林肯又在《大赦和重建宣言》中宣布：一切参加过叛乱的人，只要停止对抗行为，宣誓忠诚并捍卫美国宪法和联邦政府，都可以免罪。同时恢复他们除了奴隶以外的所有财产。即使是叛乱的首脑人物，如果向美利坚总统提出特别申请，表明自己的改过之意，也可以获得特赦。

对林肯而言，这场战争就是为了统一和更好地建设祖国，维护《联邦宪法》所缔造的一切。林肯希望兄弟再携手，一笑泯恩仇。

1865年3月4日，在小雨之后的阵阵寒风中，林肯面对四面八方汇集来的人群，发表第二次总统就职演讲，他说："对任何人都不要怀有恶意，对一切人都要心存宽容；坚持正义……让我们努力完成我们的正义事业，治愈国家的创伤。"

林肯热切展望着国家和谐统一的前景，在连任总统的就职演讲发表35天后，战争结束了。

这一天，南军统帅李将军放弃了部下打游击的建议，向北军统帅格兰特将军交出了自己的佩剑。因为他不想再看到美国青年流血，在他走入阿波马托克斯法院去见格兰特时，他甚至不知道自己会不会被作为战犯绞死。他希望北军善待他的士兵，并允许那些带着马匹从军的人们能够带着牲口回家春耕。

格兰特同意了这些要求，承诺南军官兵只要在誓约上签字"永不打仗"就可以回家了，而且"以后不会受到合众国政府的打搅。"格兰特给予李将军以军人的尊重，他不让北军士兵鸣炮庆祝胜利，面对失败的勇士，哪怕他是敌人，格兰特也不愿在他面前"欣喜若狂"。

据说，签完投降书后，李将军的战马嘶鸣着不让他上马背。也许战马也知道军人投降的耻辱，李将军一声长叹，匹马归隐。

后来，几乎全体南方官兵都得到了赦免。只有李将军因为北方一些强硬派的阻挠，至死也没有得到赦免。但李将军后来得到了美国南北双方民众的普遍尊敬，不管他曾经的选择是对是错，但在最后他敢于一个人背负着投降者和叛国者的名义结束战争，换取最后的和平与统一。

李将军投降的这一天被视为南北战争结束的日子。一接到报告，林肯就决定在白宫举行晚宴，在晚宴上奏响的是那首著名的赞美南方的歌曲：《迪克西的土地》。

南北战争结束了！这场美国建国以来惟一的一场内战结束了！美国依然还是美国，但美国已不同于战争前的美国。

这场战争等于把美国重新打造了一遍，它用尸山血海来诠释两个理念：国家的统一，人类平等的权利。人类对这两个理念的思考到今天也没有结束。

虽然国家的权力与州权的矛盾直到今天的美国依然存在，但内战终于解决了州是否有权力脱离联邦的问题。正如伍德罗·威尔逊所说：内战"在美国创造了一种前所未有的东西——国家感。联邦不是得救了，联邦是复活了。"

铁马雷鸣

在以前，人们用马车横穿北美大陆，如果排除种种自然因素的干扰，那么需要 26 天。但在 1869 年，人们突然发现，原本广阔无边的大地似乎缩短了。现在花上 190 美元，换几次车，可以在几天内由东到西，或者由西到东。

在犹他州普罗蒙特里的这根枕木象征着美国第一条横贯东西的铁路的建成，象征着美国东西部的联结和繁荣，也象征着铁路劳工的汗水与鲜血。

在没有推土机、风钻等各种机械设施的年代，要修建这样一条铁路，最重要的设备还是人力。工人们用铁锹、铁镐、铁锤来平整地面、安放枕木。

他们先在地面铺上 5 根枕木，再由 5 名大汉从马车上抬下重达 500—700 磅的铁轨，放到枕木上，旁边的工人马上用大钉和钳子安装固定，安装一对铁轨只要 30 秒钟。每个大钉要打 3 锤，每节铁轨 10 枚大钉，每一英里 400 节铁轨，也就是 4000 枚大钉和 1.2 万次挥锤。

但如此强度的劳动，工人们往往仍能保持每天 5 英里左右的铺设速度。在这些工人里有许多人来自遥远的中国，他们中的一些人的尸骨留在了铁路两边。

此后的 25 年，美国又建成了 4 条横贯大陆的铁路。

到 1934 年，联邦太平洋铁路的柴油机车用近 57 个小时就跑完了从洛杉矶到纽约全长 5000 多公里的路程。铁路在当时的美国人心目是一个诗意的存在，正如美国作家亨利·戴维·梭罗的描述："我听到铁马使群山发出回声，它的喷气恰似雷鸣，它的脚步使大地摇撼，鼻孔里冒出火花和浓烟。"

在南北战争的纪念碑上这样写着：这场历时 4 年之久的战争，有 62 万人阵亡……

在今天的纪念碑的不远处飘扬着美国的国旗，上面有 50 颗星星，每一颗星星代表一个州，50 颗星星组成一个完整的国家。

只有在他成为殉难者倒下去之后，全世界才发现他是一位英雄。

林肯诚恳地向国民呼吁用宽容和谅解重塑一个南北统一的美国。但他得到的回应是子弹。

1865年4月14日，也就是林肯发表南北和解的呼吁3天之后，林肯和妻子到福特剧院观看当时的流行喜剧《我们的美国表弟》。

约翰·布思是英国著名戏剧家的后代。虽然在《我们的美国表弟》中没有担任角色，但他却在即将结束的内战这部大戏中扮演了疯狂刺客的角色。节目开始后，他突然冲进剧院，来到总统包厢，举枪射向林肯，并冲向舞台大喊："这就是暴君的下场！"

受重伤的林肯被抬到剧院对面的一家旅馆里，第二天凌晨停止了呼吸。

林肯遇刺使南北双方都失去了一位睿智而又体恤民情的领袖。但国家重建的进程已经无法阻挡。北方赢得内战后，恢复了联邦。

林肯以他对美国民主制度的贡献而被公认为伟大的民主政治家，马克思认为林肯是可以与华盛顿比肩的伟人，马克思说："这是一个不会被困难所吓倒，不会为成功所迷惑的人；他不屈不挠地迈向自己的伟大目标，而从不轻举妄动，他稳步向前，而从不倒退；他既不因人民的热烈拥护而冲昏头脑，也不因人民的情绪低落而灰心丧气；他用仁慈心灵的光辉缓和严峻的行动，用幽默的微笑照亮为热情所蒙蔽的事态；他谦虚地、质朴地进行自己宏伟的工作，绝不像那些天生的统治者们那样做一点点小事就大吹大播。总之，他是一位达到了伟大境界而仍然保持自己优良品质的、罕有的人物，这位出类拔萃和道德高尚的人竟是那样谦虚，以至只有在他成为殉难者倒下去之后，全世界才发现他是一位英雄。"

林肯总统的遗愿虽然得到继任总统安德鲁·约翰逊的坚决执行，但结果并不那么完美，国家统一了，黑人不再是奴隶了，但在南方，种族歧视却又延续了百年之久。

1883年，最高法院宣布1875年的民权法违宪，此法禁止在戏院、旅店、餐馆和火车上歧视黑人。此后，南部黑人饱受种族隔离、3K党迫害、不得行使选举权的痛苦，这种状况一直持续了半个多世纪。

以至于美国内战百年之后的黑人还在对林肯的雕像诉说着自己的痛苦和希望："……我有一个梦，我的4个孩子有一天会生活在这样一个国家：不是根据他们的肤色而是根据他们的品德与性格来评判他们。"

五、西进之潮

如果说美国内战进一步为美国的发展奠定了坚实的基础,那么一项运动则塑造了美国的民族精神,壮大了美国的经济,这就是"西进运动"。

如果没有美国的领土扩张,就不会有西进,就不会有后来强大的美国。那么,美国的领土扩张是从什么时候开始的呢?

大国崛起 | 你买进了物美价廉的东西,好好享用它吧。

1803年5月2日早晨,美国第三任总统托马斯·杰弗逊仍在期待巴黎传来的消息。由于通讯的问题,他并不知道,就在此时,远在巴黎,一位法国人对美国人说:"你买进了物美价廉的东西,好好享用它吧。"

这是一桩少有的一本万利的大买卖,美国以每平方公里5.77美元的价格从拿破仑手中购得路易斯安那。消息传来,美国人难以相信自己的国土在一个早晨就扩大了260万平方公里,是原来的1倍多,而付出的代价不过是1500万美元。

这一次成功的买卖为杰弗逊赢得了良好的人气,有助于他连任美国总统。

美国的领土也由此不断向西扩张。

1803年5月,美国以每平方公里5.77美元的价格从法国购得路易斯安那州,土地扩大了260万平方公里。

1810年和1819年美国从西班牙手中夺得佛罗里达。

1846年和1853年，美国通过战争，强行从墨西哥手中购得近250万平方公里的国土。

到1853年，美国已把它的国境线推进到太平洋沿岸，国土面积已达775万平方公里，比宣布独立时的版图增加7倍多。

1867年，美国以720万美元的价格从俄国手中购得阿拉斯加和阿留申群岛，总面积155万平方公里，使美国版图扩大三分之一，达到930万平方公里。

930万平方公里都是些怎样的土地呢？是贯穿美国南北的密西西比河，是绵延千里的落基山脉，是广阔茂密的乔木森林，是无边无际的沃野草原，是矿产丰富的丘陵原野，是便利于渔业和航运的深水海岸。

这片富饶的土地好像是在等待人们的到来，好像是为塑造一个民族准备的摇篮。对大部分移居者而言，其目标就是取得农场。19世纪初期，一位英国人哈里特·马蒂诺写道：

"美国人的自豪和乐趣就在于他手上的土地数量。在我所碰到的每一个人中没有一个人认为他所占的土地已经够了……占有土地成了一切活动的总目标，也是解决社会弊端的一个药方……如果一个人在政治上失意，或

在爱情上受挫，他就闯江湖去买地……如果他出了丑站不住脚，他就到西部去弄一块地……如果他的邻居后来居上压倒了他，他就离开去找一块土地自己主宰一切。"

于是，随着边疆不停向西移动，移民潮也不断向西涌动。

1848年1月24日，一位叫詹姆斯·马歇尔的年轻木匠在加利福尼亚州阿梅里肯河畔的溪谷底层发现了厚厚的砂金。他原想财不外露，悄悄买下这块宝地。可是一起做工的伙伴却把这个发现泄露了出去。结果，引来了蜂拥而至的淘金者。

不到6个月的时间，圣弗兰西斯科和附近其他沿海城镇几乎成了空城，人们都涌向内华达山脉一带的金矿宿营。

大型金矿的出现进一步吸引人们大举西进。当时流行的一首《噢，苏珊娜》的歌唱道：告诉恋人和家人，不要为自己哭泣，只要在加州挣足钱，就会马上往回赶……

在兴起淘金热之前，加州的人口只不过15000人。到了1849年，人口超过10万人，而到了1825年，人口上升到25万人。

美国开发西部，正是受到淘金热的推动。

1841年2月1日，密苏里州的50多位居民联合开始了向加利福尼亚的

迁移。这次行程历经5个月3周零4天，途中经历了一次葬礼、一次婴儿出生和一次婚礼。第二年，又有大约100人走过这段行程。

1845年，《纽约邮报》主编奥苏利凡赞美着美国人对西部的开发：我们的天命十分明确，那就是覆盖并占据上天赋予我们的整个北美大陆，广泛进行弘扬自由的试验，并发展联邦自治政府所托付给我们的一切。在天命的引领下，美国西部一切贫瘠的高原土壤，恶劣的生存条件都将被征服。

在英国需要数百年才能完成的那些变化，在美国只有几年就发生了。

在马里兰州坎伯兰城，有一处交通要道连通美国的西部和东部，在独立战争后，这里被称为荒原大道。所谓大道，每次也只能容纳一匹马经过，许多人从这里鱼贯而出，走向辽阔而陌生的西部边疆，把背影留给历史和故乡。

有的人为了淘金，有的人为了种地，有的人为了破产后的东山再起，有的人为了发财后的再上层楼，甚至有人为了失恋后开阔心胸……

100多年的时间里，这个国家的千百万人，不约而同地朝着同一个方向前进，再前进，向西，再向西。仿佛是一个着了魔的大移民运动。

在美国西部开发之前，从未有过如此规模的国内人口迁徙。这是一场史诗性的迁徙。

那个时代，在那片土地上，人们共同坚持的信念是理想，是自由，是永不放弃，是

史海钩沉

西部牛仔

世界上许多国家的人谈起美国人，闪过脑海的经典形象也许就是美国西部牛仔了。好莱坞的电影为西部牛仔蒙上了一层浪漫的传奇色彩，勇敢地驯服野马和野牛的拓荒者，奔放不羁地骑着骏马追逐爱情的浪漫主义者，用种种惊险的探险行动充实人生和财富的冒险家，间或为了正义潇洒地开枪的侠士……

但实际上，牛仔的生活远不如西部传说中那么富有魅力，他们并不讨雇主和当时人们的喜

欢，雇主们总是看不起牛仔，因为牛仔粗野而放肆，虽然他们为他带来了巨大的财富。居民们厌恶他们，当牛仔们到来的时候，居民们总是回避他们，因为牛仔们一边游逛、一边用脏话彼此打招呼，拎着酒瓶猛灌，时常械斗，浑身上下透着不安全的味道。有人形容牛仔到来时的城市是一座"沸腾、喧闹、一片火光的地狱"。

19世纪中后期的牛仔其实是一件极其艰辛的工作。他们在春秋两季驱赶牛群到放牧区，再运到各牲畜围场，长途跋涉对人和牛都是极大的考验，与印第安人和强盗的战斗、风雪与严寒的肆虐、突然受惊的畜群，这是一场耐力和勇气的比拼，几个星期甚至数月的鞍马劳顿，浑身疲惫与尘土，只能以咸肉和蚕豆果腹，而且要随时应付突发的种种险情，随时都有可能要了牛仔的性命。

一个牛仔3个月赶牛的收获也许不过100美元，而且会在狂饮滥赌中一下子花个精光。但也正是这些人为日益庞大的国家供应了牛肉，帮助最边远的地区安定下来。

勇往直前，是创新进取……"西部拓荒"的精神，后来成为美利坚民族精神最重要的内容。

据统计，在1790年以后的几十年内，越过阿巴拉契亚山脉西迁的移民，平均每年在10万人以上；而1860年以后的40年内，西部的新垦地就达2.52亿英亩，相当于过去270年垦殖的土地面积。这种垦殖的最大成果，是在西部形成了三大农业专业区：一是以中西部为中心的"小麦王国"，二是以墨西哥湾为中心的"棉花王国"，三是以西部草原为中心的"畜牧王国"，此外还有以加利福尼亚为中心的水果蔬菜产地，这些奠定了美国农业帝国的基础。

西进运动壮大着美国，也让许多人付出了高昂的代价。

那么在这一过程中，政府除了扩展边疆，还做了什么呢？

在犹他州的普罗蒙特里的一段铁路上有一根很特别的枕木，这根枕木是用磨光的加州桂木做的，这块银牌上写着："1869年5月10日太平洋公司竣工时的最后一根枕木。"

100多年前，随着一把银锤将一枚黄金铸造的大钉砸进这块枕木，第一条横贯东西长达2800多公里的铁路将太平洋与大西洋连接在一起，美国的东部与西部也连结在一起。西进拓荒运动，开始以铁路的方式加速推进。

过去横越大陆要历尽千辛万苦，费时数月，甚至要冒生命危险，现在只需买一张车票，就可以在几天之内舒舒服服地从东部到达西部。

这条铁路的修建得益于一项战争年代的法案。

1862年7月1日，为南北战争操劳的林肯抽出时间签署了一项法案。

这就是《太平洋铁路法案》，要求两家铁路公司联合修建横贯北美大陆的铁路。政府的赞助方法是，在路两侧交替把一条宽16公里（后来改为32公里）的公共土地划归铁路公司所有。对已经建成的铁路，每英里给予1.6万至4.8万美元的贷款。

在此前几个月前，就在南北战争打得焦头烂额的时候，林肯签署了一项重要的法案。这项法案就是对美国西进运动影响深远的《宅地法》，这一法案规定只要是成年的美国公民，未曾持械反抗合众国者，只需交纳10美元登记费，就可获得一块160英亩的土地，耕种5年后便可成为土地拥有者。

这两项法案直接将西进运动推向高潮。

创业者们沿四轮马车的轨道勇敢向西部进发的星星之火，此时变成乘火车西进的汹涌之潮。现在可以大肆开辟牧场和农庄了，因为产品可以由铁路运往东部的城市和市场。

西部的农业和东部的工业互通有无，相互促进。

一直延伸到太平洋的铁路，把整个国家用铁的纽带连接起来。

成千上万的独立农场主和商人在广阔的土地上自由的发展，并以自由土地开发为中心形成农业、矿业、城镇全面开发的格局。

西进运动把美国真正连接起来，促成了美国历史上最重要的事件之一：美国国内市场的统一。到19世纪末，美国国内贸易大约等于对外贸易的20倍，甚至超过了世界各国对外贸易总和。无论东方还是西方，没有一个国家像美国那样，内需被刺激到如此令人羡慕的程度。

百年西进拓荒的结果是，19世纪末美国人口、农业和工业中心已经全面西移，同时把美国由一个弱小的国家推上世界经济大国的宝座，1895年工业总产值已跃居世界首位。

500年前，西班牙人使世界发现了美洲这片新大陆。1776年7月4日这里出现了一个崭新的国家。122年后，这个崛起于新大陆的国家，第一次向世界展示了它的锋芒。

开发新边疆在一个国家的发展中长期起作用，并与这个国家发展进程如此息息相关，这样的例子在整个世界历史也是罕见的，甚至是绝无仅有的。马克思曾这样描述美国西进运动的成就："在英国需要数百年才能完成的那些变化，在美国只有几年就发生了。"

大国崛起 | 建设海军，直到用完国库最后一块美元。

1890年，美国人口普查局宣称"边疆消失了"，北美大陆再没有一片地方可以作为边疆地区来开拓，出现在美国人眼前的是无法用传统方式开拓的万里海疆。

1896年，威尔逊用"边疆的消失"来解释19世纪90年代的经济危机，他认为："令人心旷神怡的扩张时代已经宣告结束，我们的生活日益感到紧张和困难。"

一些经济学家发出警告，长期以来美国经济一直靠不断地扩张和开拓取得发展，随着边疆的消失，这种发展势头还能保持吗？

1890年，就在美国人为边疆消失而惴惴不安时，一部军事和国家战略著作使美国人眼前一亮，引起巨大轰动，立刻风靡全球。

这部书是《制海实力对历史的影响》，美国海军学院院长马汉著。

此书总结了有史以来海战的战略战术及其影响，提出海上的实力决定一个国家国运兴衰的思想——此即著名的马汉主义，直接促成了美、德、日诸国海军的崛起，从而享有海军"圣经"之誉，直到今天，海权论依然是美国制定国家战略的一个重要理论依据。马汉说：

"海上实力，特别是在与国家利益和贸易有关的主要交通线上的海上力量，是民族强盛和繁荣的纯物质因素中的主要因素。"

在马汉眼中，英国凭借着强大的海上实力已经拥有了200多年的辉煌，而皇家海军依然在全球范围出没；新兴的德意志帝国竭力发展海军，试图与英国一较雌雄；日本的天皇节衣缩食建立起来的海军已经活跃在太平洋上；即使被列强视为衰老帝国的中国也有一支被称为北洋水师的现代化海军……而美国海军的实力只排在第12位，必须奋起直追。

马汉的观点引起了广泛的赞同，许多人都同意他的观点：海上实力"蕴含着使一个濒临于海洋或借助于海洋的民族成为伟大民族的秘密和根据"。

甚至有议员在国会公开说：建设海军，直到用完国库最后一块美元。从1890年起，美国开始大力建设海军，仅仅5年时间，美国就从世界排名第12位上升为第5位。

埋头于建设的美国开始把目光更多地投向大海，大海意味着新的边疆、新的发展。

1893年，美国吞并夏威夷。

1898年，美国太平洋舰队在菲律

宾马尼拉湾击溃西班牙舰队，随后美军以微小的代价在陆地和海洋连连获胜。菲律宾、关岛、波多黎各成为美国的战利品。

北美大陆上的这个后起之秀野心勃勃地打量着世界，飘扬着星条旗的战舰频繁出现在五大洋。世界已无法忽视美国的影响。

大国崛起 谁去那儿为洛根哀悼？ 没有一个人。

不过，美利坚民族在西进运动，甚至远在殖民时期的表现并不都是那么美好，他们也表现出了那个时代的野蛮和卑劣。

感恩节这个温馨的名字在某一方面是对美利坚品行的反讽，比如，对于帮助过自己的印第安人，美利坚的感恩方式是进射死亡的枪炮和无情的杀戮。

早在殖民地时期，白人居民经常与印第安部落发生冲突，他们有时放火焚烧土著部落，然后用枪炮射杀从火中跑出来的印第安人。不甘于灭亡的印第安人奋起反抗，但落后的弓箭和分散的部族抵挡不住殖民者犀利的子弹，一个又一个部落被迫接受失败的屈辱，出让他们祖祖辈辈生息的土地。

印第安人村庄一个又一个的被战火、饥饿和疾病变成废墟。在弗吉尼亚最早开始反抗白人侵逼的波哈坦联盟，在1622年和1644年的两次战斗中，总共只有8000人的联盟死了7000多人。这个部族实际上消失了。

1675年，新英格兰地区的印第安人在菲利普王的领导下，反击白人的进攻。在一场大战中，新英格兰的白人中有十六分之一被杀，而参加战争的印第安部落大都被杀死或变为奴隶。

一位原本对白人抱有好感的印第安首领洛根，因为家人和部族无辜被杀而奋起反击，他在一篇致弗吉尼亚总督的演说中说：

"我恳请任何一位白人说说，他是否曾饿着肚子走进洛根家的小屋，而洛根没有给他肉吃；他是否曾在冷而无衣时来到洛根家，但洛根没有给他衣服穿。……我对白人的爱就是这样的，以至于我的同胞经过我家的时候都指着说：'洛根是白人的朋友'。"

"……去年春天，克雷萨普上校无缘无故地残酷杀害了洛根所有的亲人，甚至连我的女人和孩子都不放过。在现在所有活着的人中，没有一个人的

63

野 牛

印第安人的生活方式是和北美野牛联系在一起的，衣、食、住甚至武器都来自这些庞然大物。印第安人骑在马背上用弓箭射杀野牛，有的勇士的箭甚至能穿透牛身。他们当场屠宰猎物，割下牛背肉、排骨和其他肉，用牛皮包起来带回家。牛皮可以成为床单、帐篷、皮包、衣服，牛筋可制成缝纫的线。对印第安人来说，最好吃的莫过于野牛里脊肉。吃不完的肉可以拌上牛油密封在牛皮袋里，多年不坏。

在内战之后，坐火车的人们还经常看到一眼望不到边的野牛群漫步在大平原。但到了19世纪末，上百万头野牛被西进的猎人们捕杀。只有少数几个小牛群分散到各地。与此同时，印第安人也被赶进保留地。

随着野牛的绝灭，印第安人的传统生活方式也只能出现在梦中。

血管中流淌着我的血。这个事实呼唤着我去报复。……谁去那儿为洛根哀悼？没有一个人。"

洛根的演说被登在北美各大报纸甚至英国本土的报纸上，在19世纪成为美国教课书中的固定文章。但这并没有改变印第安人的命运，印第安人在他们世代生活的地方沦为"新"大陆的少数民族。

在1703年，殖民者们在立法会上决定，有的殖民地在立法会上决定，每剥一张印第安人头盖皮、每俘虏一个红种人奖赏40镑；1720年，每张头盖皮的赏金提高到100镑；1744年，12岁以上印第安男子的头盖皮值100镑新币，一个男俘虏值105镑，一个妇女或儿童值50镑，妇女和儿童的头盖皮也值50镑。

有的白人对印第安人充满极端的蔑视。白人将领谢利丹曾说：最好的印第安人是死了的印第安人。

1776年，《独立宣言》宣布 "人人生而平等"。但不幸的是，这 "一切人"中不包括印第安人。几乎与《独立宣言》发表的同时，在北卡罗来纳西部一个印第安小村子被夷为平地，攻击者就是向英国国王要求独立与平等的白人移民。

华盛顿将军被印第安人称为"毁城者"，因为他带领大陆军焚烧了40多个支持英军的印第安村落，以报复印第安人与英国人的结盟，有人宣称："美洲所有野蛮人不是文明开化就是死路一条。"其实，即使那些改信基督教的印第安人也不断遭到屠杀，因为他们拥有财富和土地。

随着美国赢得独立，印第安人成了罪人。美国白人用杀戮和诱骗两种手段，从印第安人手中夺取了大量的土地，其间的卑鄙阴损使美国第一任总统、当年的"毁城者"华盛顿也很不以为然，他替那些反抗的印第安人解释道：

"他们给我们带来很多的不幸。但请记住，他们深有苦衷。我们蚕食他们的土地，可以不受现行的或即将制定的法律的制约。而这些可怜人连可以倾诉心头积怨的报刊都没有。"

华盛顿身为总统，但他对于印第安人的命运也提供不了更多的帮助。第三任总统杰弗逊则正式提出将所有在美国东部的印第安人都迁移到远西部，也就是今天中西部。在此后的几十年间，美国政府坚决执行把印第安人赶到密苏里河以西"大平原"去的政策。

美国政府与印第安人缔结条约，庄严承诺：迁入平原是最后的迁移，"只要草还在长，水还在流"，土地就永远是印第安人的。但这在后来却被证明是可耻的骗局。

切罗基部族同意迁到佐治亚州，经过一番辛勤工作，好不容易在新居住地安定下来。他们欣然接受美国政府"文明化"政策，到19世纪20年代，新一代切罗基领袖中很多都是白人和印第安混血儿，他们按照三权分立的原则建立政府，发行切罗基文和英文的双语报纸。可以说他们已经改变了人们对于印第安人落后、愚昧的印象。但是灾难依然降临。

1828年，切罗基居住区发现了黄金，佐治亚州当局不顾政府与切罗基族的条约，一门心思要把他们赶出佐治亚。

1830年，安德鲁·杰克逊把美国立国时的自由与平等理念抛诸脑后，签署法令批准佐治亚当局驱逐切罗基人的计划，甚至撤回了在切罗基人居住区执行保护任务的部队。

1838年，新任美国总统马丁·范布伦总统干脆派遣7000美军押送5万切罗基人到俄克拉荷马的集中营地去。在长达116天的路途中，有1.2万切罗基人死去。一位美军士兵说："我看到无助的切罗基人被拖出家门，圈在刺刀下的栅栏里。在寒风冷雨中，他们像牛马一样驮着东西上了四轮马车西行。"

美国作家爱默生说："自从有大地以来，从未听过在和平时期，在对待自己的同盟者和被监护人时，有哪个民族如此背信弃德，蔑视正义，对于乞求怜悯的悲鸣如此置若罔闻。"

切罗基人的"眼泪之路"不过是印第安人迁移之路上的一个小篇章而已，无数的印第安人在迁移之路上默默死去，成为人类历史上最悲惨篇章中的一个沉重的颤音。

随着时间的推移，印第安人的命运并没有得到太大的改善。美国南北战争时的英雄谢尔曼将军曾经对于滥杀印第安人发表如下言论："如果我们今年杀得多一点，那么下一年该杀的人就少一点……反正他们都得杀掉，或者把他们作为穷光蛋的品种保存起来。"

另一位内战英雄卡斯特中校在印第安夏延部族大肆屠杀，而且厚颜无耻地说："如果白人要求得到印第安人自称是他们的那一份土地，那就不存在上诉的问题，印第安人必须交出来，否则就应该无情地把他碾个粉碎，边摧毁边前进。"

后来的美国政府的确也是如此做的，内战之后美国政府不再把印第安部族作为独立的谈判对手，也不再由国家出面与他们签订和约，虽然这些和约对美国政府毫无约束力，虽然印第安部族的主权是在英国殖民时期就予以认可的，但他们把这最后一层遮羞布也撕了下来，赤裸裸地攫取原本属于印第安人的一切，甚至包括他们的生命。

伴随着美国人声势浩大的"西进运动"，美利坚合众国的力量日益强大，而印第安人的生活却日益艰难，1924 年，印第安人获得了美国公民资格，但这并没能给他们带来改善和福祉，相反，他们陷入了更加贫困和悲惨无助的境地。

据估计，1492 年时，今天美国境内的印第安人仍有 120 万人，到 1860 年只剩下 34 万人，1890 年只有 27 万人，1910 年只有 22 万人。

在北美大陆这片充满希望的土地上，印第安人的苦难延续了三四个世纪之久。这就是所谓的文明社会对待"野蛮"部族的"文明"手段，也是美利坚民族在人类历史上留下的千年难消的丑恶伤痕。

六、工业革命

美国这个今天输出技术的大国，当年也是依靠复制别国科技起步的。

在第二次工业革命汹涌澎湃的大潮中，美国和许多国家一样，面临着一次难得的机遇和挑战。

在如此激荡的时代大潮中，刚刚打完南北战争的美国能否屹立潮头？

大国崛起 | 爱迪生万岁

18世纪下半叶的英国显得无比强盛。当时英国的治世能臣们明白，大不列颠王国的体面和威严，离不开使用纺织机器的工匠们那满手油污的劳动。所以，王国宣布了一条禁令，严禁纺织机出口，也不许熟练的机械师移居国外。他们要通过技术和人才垄断，保证英国独享工业革命的成果。

1782年，也就是独立战争胜利这一年，一个14岁的英国小男孩塞缪尔·斯莱特到米尔福德的一家纺织厂里当了学徒。凭着勤奋和聪明，没几年就掌握了纺织机械的奥秘。

而此时的美国，经济生产还是以传统农业和手工业为主。急于富强的新国家不惜悬赏鼓励纺织工业的发展。

1789年，也就是美国《联邦宪法》开始实施的这一年，已经21岁的斯莱特假扮成农业工人,改名换姓,逃过了英国当局的监察,进入美国,辗转来到罗得艾兰岛。

1790年,在一位铁匠的帮助下,斯莱特凭着惊人的记忆和机械制造技能,复制出了英国的阿克莱特纺织机,这是当时世界上最先进的工作母机,也就是被英国人视为秘不外传的富国之宝。

他的复制非常成功,1793年,罗得岛上建起了美国第一座装有阿克莱特纺织机的工厂,一种完全不同于传统纺纱技术的生产系统在北美大陆出现了。斯莱特为美国提供了创业急需的新型工具机,因而被称为美国的"制造业之父"。不少后世的学者把斯莱特复制纺织机成功的这一年定为美国工业革命的开端。马克思说:"工具机是十八世纪工业革命的起点。"

美国这个今天输出技术的大国,当年也是依靠复制别国科技起步的。

在此后很长一段时间,美国的发展依赖欧洲的技术发明,在南北战争前,美国机械设备的80%依靠欧洲进口。

然而,在南北战争之后,一个新的历史时期到来了。在第二次工业革命汹涌澎湃的大潮中,美国和许多国家一样,面临着一次难得的机遇和挑战。

此时的大西洋彼岸,英国人一边改造第一次工业革命遗留下来的老设备,一边加大新兴工业的建设力度,试图继续引领时代潮流;

【托马斯·爱迪生】

德国人刚刚用铁与血的方式击败法国,完成国家统一,凭借着统一的国内市场、独立的经济体系,以及强大的教育科研系统,咄咄逼人地出现在欧洲大陆,与英国在全球展开竞争;

辽阔的俄罗斯刚刚废除了农奴制,它希望这能够为工业革命提供自由劳动力,尽可能赶上欧洲前进的脚步;

而在太平洋对岸,日本开始实行明治维新,竭力按照西方特别是德国的方式推进工业化,力图通过"脱亚入欧"摆脱殖民地的处境。

中国的满清政府则以"自强"和"求富"的口号,开始洋务运动,希望以西方科技增强国力,维持岌岌可危的统治。

在如此激荡的时代大潮中，刚刚打完内战的美国能否屹立潮头？

在纽约市 38 公里外的新泽西州，有一个门罗公园。

当夜色降临，门罗公园的一座老建筑显得昏暗而冷清。如果与现在纽约那一片璀璨的灯海、落地的银河相比，简直就有点寒酸了。

然而就是这些看似寒酸的建筑，在美国发展历程上有着特殊的意义。126 年前，是这里的光芒四射，创新的火焰照亮了世界，开启了一个时代。

1879 年 12 月 25 日，大雪纷飞、格外寒冷。大约有 3000 人在圣诞节的晚上聚集到门罗公园。

纽约《先驱报》描述当时的情景："这些参观者从四面八方赶来，使这个方圆数英里的小镇堆满了形形色色的车辆——这当中有男、有女，有农民、技工，也有各种体力劳动者和孩子，与此同时，火车上又走下银行家、掮客、资本家、观光者，以及急于做生意的代理人。"

人们并不是来庆祝圣诞节，而是来参观一项最新发明。

夜色降临后，人们被眼前突然出现的光芒弄得神魂颠倒，目瞪口呆，那是 60 盏电灯释放出的光明，这是他们见过的最神奇的东西！

人们忘了寒冷，到深夜 12 点还不想散去，到处有人高喊："爱迪生万岁！"

这项 19 世纪末最著名的发明正是出自爱迪生之手，这个名字几乎是发明创新的代名词。

爱迪生一生中有 2000 多项发明专利，平均每两周就有一项专利成果。作为十几种行业的开创者，这位"发明大王"被当时的人们称为"门罗公园的哥伦布"。

电灯、印刷机、留声机、蓄电池、电影都是他的发明，他成为十几种行业的开创者。美国人称他为"发明大王"。

这是一项影响历史进程的发明。正如哥伦布发现了美洲大陆一样，爱迪生不仅为美国开辟了一块发展的新天地，也寻找到走向强盛的钥匙。

很快，门罗公园的光明降临到全国各地，并向国外扩展。1879 年的 60 只灯泡以惊人的速度扩张。

当然，要想使人类真正进入电气化时代，必须使电气普遍应用，也就是说必须使电融入人类生活，那么怎样才能使电走入千家万户呢？

1882 年 9 月 4 日，爱迪生亲手合上世界上第一个商用电力系统的电闸，电流沿着电线迅速流动，照亮了曼哈顿金融区的摩根公司等 58 处地方。

这个系统的电力来自于一个发电能力为 900 马力的火力发电厂，可供 7200 个灯泡使用，这一电力系统是爱迪生从电灯衍生出的发明，它的应用意味着世界上第一个火力发电站开始工作。

由此，发电站迅速推开，并用输电线联接成网络。电流四通八达。电力的广泛应用成为可能。电厂、输电线、配电设备、电灯，这一切构成了电力工业技术体系。很快专业电气公司在美国各地纷纷出现，实现了电力技术产业化。

这一年，有10万只灯泡释放出柔和而明亮的光芒为人类服务，1892年则发展到400万只；1903年，高达4500万只。

很快，电灯以无法抗拒的力量征服了人类，以至于如果失去电灯，人类简直就像失去太阳一样痛苦。

爱迪生的光芒出现在纽约的股票交易所、伦敦的展览会、巴黎的歌剧院，甚至俄国沙皇尼古拉二世的加冕典礼上。

在爱迪生的发明中，电灯影响最为深远，人类为了寻找光明走过了漫长的路程，篝火、蜡烛、油灯、煤气灯，都离不开火的直接燃烧，从电灯开始，人类采用一种全新的方式照明，也以全新的方式生活。从电灯开始，电彻底改变了人类的生活方式。

对美国来说，发电厂和输电线不仅改变了人们的生活方式，更重要的是提供给工业方便而廉价的新动力，为工业插上了电的翅膀，使之以闪电的速度发展。

动力是国家、社会发展过程中的决定性力量之一。在使用人力、畜力的时代，人类只能以农业和小手工业走过5000年的缓慢历程。当瓦特用蒸汽机驯服了地下之火，也就是煤，使之转化为机械能，以此为动力的第一次工业革命使人类只用了100多年便创造了相当于前5000年的辉煌。

爱迪生则以天上之火的形式，也就是电，实用于照明和动力，这场无声的革命让资本主义摆脱了煤炭味的旧时期，进入了垄断资本主义的新时期，只用了30年的时间就创造出相当于前100多年的成就，并且改变了世界力量的格局。

南北战争后的30年对美国来说，是勇于创新的时代，也是开始腾飞的时代。

电灯的发明和电力系统的应用，使美国开启了电气时代，成为电力工业的故乡，并由此率先进入了第二次工业革命。在资本主义世界的竞争中，美国很快取代了英法的领先地位，以领头羊的姿态走在了世界的前列。

电动机逐渐取代了蒸汽机，1880年的时候，美国工业还依靠蒸汽机，到1900年，电已成为不可或缺的动力，它进入钢花四溅的钢铁厂，进入汽笛长鸣的火车轮船，进入大型农场的联合收割机……

正是在电气时代，美国经济后来

居上。1860年，它在主要资本主义国家中居工业生产第4位，不到英国工业总产值的二分之一。到1894年，美国工业产值已跃居世界首位。美国迅速赶上并超过英国、法国和德国，工业产值达到95亿美元。相当于英国的两倍，法国的3倍，约占欧洲各国工业生产总和的二分之一，近全球工业总产值的三分之一。

"美国时代"来临了！

1931年10月18日，发明大王爱迪生走完了84年的人生旅程。为了纪念爱迪生，有人建议全美国停电1分钟以缅怀这位发明者，但是这一纪念活动根本无法实施，因为电实在太重要了。最后，除关键的电灯以外，其他所有的电灯都在自愿的情况下关闭。

在这1分钟之内，芝加哥、加利福尼亚、丹佛、纽约一片黑暗，整个密西西比河一片黑暗，美国一片黑暗。接着，从东海岸到西海岸，从城市到乡村，灯火再次通明，亮如白昼。世界回复光明。

专利制度就是将利益的燃料添加到天才之火上

在美国腾飞的过程中，发明并不仅是电灯这一项，发明家也不仅是爱迪生这一个人。

在爱迪生收到他的电灯发明专利书时，同样的专利书在1879年发出了2万多件。这在当时是一个惊人的数字。

美国的技术发展，大体上可以爱迪生来划线。在爱迪生之前，美国的技术基本上是照搬欧洲的；在爱迪生之后，美国才有了自己的技术。爱迪生所处的时代是美国技术发展转折的一个标志。

根据美国专利局记载，19世纪后期是美国告别单纯技术引进，本国专利技术突飞猛进的阶段。

1789年至1800年的10年，政府颁布了276项专利权；在1850年至1860年的10年中，专利增加到25200项，平均每年有2000多件专利；到了1900年前的20年，每年专利已达到2万多件，增长了10倍多。

内战后美国劳动力匮乏，美国资本家尽可能地采用节省劳力、降低成本的新技术；美国工业较英法起步晚，可以直接借鉴经验教训，尽量少走弯路；美国中西部广大地区都是新开发的，没有陈旧设备的包袱和障碍，不存在英国工业所面临的复杂技术更新问题。

此外，美利坚民族具有的积极进取、讲求实效的精神，使他们少受传统束缚，易于接受、推广新技术。在这一系列的因素中，自主创新发明的大量涌现是最关键的原因。

那么，为什么在第二次工业革命中，美国会出现一系列创新发明？也就是说，爱迪生为什么会出现在美国？

爱迪生出现于美国决非偶然。他生活在一个属于发明家的国度，美国早在大半个世纪前就为他的出现创造了基本条件。

1787年，在刚独立的美国制定的《联邦宪法》中，第一条第八款赫然写着："为推动科学和实用技艺的进步，对作家和发明家各自的著作和发明，在一定期限内保障其享有排他的专有权"。

美国是第一个把专利权写入宪法的国家，创新精神由此以国家根本大法的形式庄严地予以保护，就像保卫国家主权一样。

如果说宪法使发明权神圣不可侵犯，那么，专利法的出现则使这一权利真正转化为鼓励发明创新的动力。

1790年，美国颁布了第一部专利法。1802年，国家专利局成立。

在美国专利商标局(简称USPTO)那扇厚重的大门上印刻着林肯总统的名言："专利制度就是将利益的燃料添加到天才之火上。"

USPTO的任务是：在一定期限内保证发明人对其发明享有独占权，从而促进美国的科学技术进步；通过实施有关专利与商标的法律，管理专利、商标和版权事务，管理与贸易有关的知识产权事务，以增强国家经济实力。

事实上，爱迪生在门罗公园发明工厂的启动资金，就是他第一次转让专利权所得，以后他的每一项发明都为下一项发明提供资金。这是他得以完成2000多项发明的物资基础之一。

爱迪生是一个伟大的发明家，然而如果没有宪法和专利法的保障，还会出现爱迪生吗？

法律是硬道理，它构建了软环境。发明创造的价值以财富的形式呈现出来，而实现财富的形式受到法律保护。

专利法案不仅使爱迪生名利双收，也为美国创造了巨大财富。

1922年美国国会统计，仅一个爱迪生就使美国政府在50年内的税收增加了15亿美元。1928年的调查显示，全世界的资本用在与他的发明有关的事业上的金额达到157.25亿元。

专利制度确保发明创新直接与经济利益挂钩，使人们认识到脑力活动是可以直接转化为物质收入的。于是，当整个国家都这样认为的时候，头脑与生产力也就挂起钩来，于是爱迪生这样的发明家应运而生，于是美国这样的国家也就有了腾飞的智力支持。

早在19世纪30年代，德国经济学家李斯特在比较英美两国时就曾说过：英国人太留恋旧的生产方式了，而美国一点也不留恋旧方式，美国人一听到"发明"两个字就会竖起耳朵。

正是从这个时代开始，科技成为一个国家的核心竞争力，美国正是立足于这些源源不断的发明，在19世纪末30年的时间里突飞猛进，迅速超过英国，成为世界第一工业大国。

一位科学家自豪地说："美国已经成为一个科技民族。从农业到建筑，没有一个行业不是由科学研究及其成果形成的，我们的1500万个家庭中，没有一个家庭不享有科学进步的好处。"

这一现象使整个国家形成了对发明创造的极度尊重和热衷。

1929年10月21日，电灯诞生50周年。美国为爱迪生举办了一场别致的纪念会。

汽车大王福特把门罗公园实验室的建筑物，重新建在密歇根州迪尔本。

美国总统胡佛搀扶着82岁的爱迪生走进"实验室"时，全美数百万听众早已守在收音机旁，等待着收听实况解说。爱迪生重演了半个世纪以前关于电灯的著名实验。与此同时，全美数十座城市也为纪念他的功绩而让所有电灯大放光明。

这是一场为发明家而办的盛宴，对一个平民的致敬没有比这一次更盛大的了。

500位来宾大都是《世界名人辞典》中的人物，金融家、政治家、科学家、实业巨头、大学校长、文化名人济济一堂，来宾中有女科学家居里夫人，爱因斯坦的祝福从电话里传来，英国太子和德国总统发来了贺电。

爱迪生坐在首席，胡佛总统坐在旁边。

胡佛发表演说："在我们的国家中，科学家和发明家要算是最可贵的无价之宝了。……由于他们的努力促使了我们的进步，这种伟大的贡献是无法估价的。"

那么仅仅有专利法就能产生一个科学民族，并使这个民族不断创新、发展吗？

【爱迪生发明白炽灯】

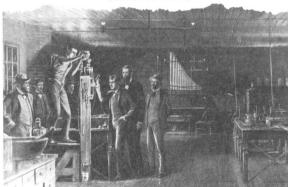

只有知识才能照亮整个民族的思想

在门罗公园的发明工厂，当时这里的工作人员达200多人。人们都知道爱迪生的发明，却不知道爱迪生的2000多个发明，大多是在这个世界最早的大型科学实验室里诞生的。

甚至有人说爱迪生最重要的发明并不是电灯或其他什么，而是发明工厂本身，是发明工厂将一大批数学家、物理学家、化学家和各类高级技术工人组织起来，以集体研究的方式，造就了爱迪生这个科学神话。

爱迪生本人只有小学文化，靠自学成才，但在发明工厂中毕业于高等院校的大学生比例却高达30%以上，甚至其中不少人还是各大学的教师。

难以想像如果没有这些高素质的人才，爱迪生的天才火花能够燃烧多久？没有分布于各个行业的高素质人才，美国又怎能迎头赶上欧洲发达国家？

每年6月是哈佛大学的毕业典礼。从1869年开始，颁发毕业证书以一种特殊仪式固定下来，哈佛大学的校长向毕业生宣布："从今天开始，你们就是有素质的男人和女人了。"

多少年来，历任哈佛校长始终用这样的话语送走毕业生。从1636年开始到2005年，有300多届的毕业生成为有素质的男人和女人。这些毕业生中有6位总统，30多位诺贝尔奖获得者，20多位"普利策"奖获得者以及众多的议员、大使和学术权威。

这还仅仅是一个哈佛大学。今天的美国已有4000多所大学，这4000多所大学塑造的人才遍及美国各个领域。曾经有一位学者说："正是这些源源不断的毕业生成就了美国。"

那么，又是什么成就了美国的教育？

17世纪初，一批批欧洲移民开始在北美定居，这些来自西班牙、荷兰、英国、法国的拓荒者们带来了欧洲近代的科技和文化，同时还带来了教育的传统。

一位历史学家描绘了当时的景象："当第一茬收割地里的麦根经风雨剥蚀刚刚变色时，当村外狼嚎声尚未停止时，他们已经作出安排，让子女们在这旷野荒郊立即开始学习亚里士多德，还有希伯来语的圣经。"

在美国第一二代移民中，每40至50家就有1名大学毕业生，他们多数毕业于牛津或剑桥。从1647年马萨诸塞州通过义务教育法以后不到半个世纪，在当时北美的新英格兰各州都已经相继完成了此项立法。在普及中小学教育的同时，他们立即着手建立大学。

 史海钩沉

门罗公园

1876年，爱迪生搬到门罗公园，在这里他开始创建一个发明帝国。他建了一座大实验室，还有工厂，包括机械车间和木匠车间，后来还兴建了图书馆。他募集一批优秀的工人日以继夜地实验、工作。他是一个异常勤奋的人，有时他会同时搞40个项目的研究，他一生中共记了3400本笔记。

这样勤奋的人对于雇员来说可不是什么好事，爱迪生一再对他的雇员说："我们要一直工作，不要管其他事。"有一次，一个项目完成得不好，爱迪生告诉雇员："我已把门锁上，你们必须呆在这里直到工作完成为止。"

他本人正是这种勤勉精神的表

率。为改进留声机，他曾创下连续工作72小时的最高纪录。所以他的那句名言：天才乃是"一分灵感加上九十九分汗水"，绝不仅是云淡风轻的信口开河。他本人也曾一再失败，比如他反对使用交流电赞成直流电，被证明是错误的，他试图发明直升机，却在实验中被严重灼伤，不得不放弃。

但这是一个一生都充满发明热望的人，爱迪生在80岁那年还忙于试验从秋麒麟草中提取橡胶的方法，而且已在实验室取得成功。

他一生被授予1097项专利，这是一个空前的纪录，但是请记住他空前的勤奋。

1636年10月28日，哈佛学院的章程在议会注册，是为美国高等大学的开端。接着威廉—玛利学院、耶鲁学院、英王学院(后改名哥伦比亚大学)、新泽西学院(后改名普林斯顿大学)相继成立，到1776年美国独立时已有10所学院。

美国在立国后不久，就颁布了《全民教育法案》，要求每个公民都要接受教育，并且把受教育的权利当作人权

的一部分。开国元勋们对教育满怀热忱，以教育为立国之本。因为他们始终坚信，只有培养出大量受过良好教育的公民，才能保障国家的成长和建设。

美国第一任总统华盛顿在他那篇著名的告别演讲中说："请大家把普遍传播知识的机构当作最重要的目标来加以重视和提高。"

托马斯·杰弗逊，美国第三任总统。他认为任何有能力的人都应该有

受教育的权利，不分贫富和出身，只有知识才能照亮整个民众的思想。杰弗逊在1816年说，在一个文明的国家，若指望在无知中得到自由，过去从未有过，将来也办不到。

1809年，卸任后的杰弗逊返回家乡弗吉尼亚州，积极推动公共教育体制的建立。他建议由州政府出资建立一个免费的公立学校体系，普及初等教育，选择优秀学生进入中学和大学接受教育。

然而，处在建设时期的国家，百业待兴，让州政府出资并不容易。杰弗逊一面和反对者争论，一面劝说州政府众议院，最后终于以微弱优势通过建立一所公立学校的提议。

1819年，弗吉尼亚大学创立了。州政府每年出资1.5万美元。

这位年近77岁的老人开始全身心地筹建大学。他担任了第一任校长，亲自设计校园布局，制订课程，起草学生守则，甚至是用餐标准，他还建议从欧洲聘请最好的教师来保证教学质量。

1825年，弗吉尼亚大学迎来了第一批30名学生。杰弗逊在日记中写道："我以创办和扶植一所教育我们后人的学校作为结束生命的最后一幕，我希望学校对他们的品德、自由、名声和幸福都起到有益而永久的影响。"

这所大学取消了神学，设立现代语言、政治经济和自然科学，明确提出

【门罗公园】

学校就是为了培养国家需要的人才。它的建立是出于对国家成长和发展的考虑，是出于公共教育的考虑。

托马斯·杰弗逊在遗嘱里写道："下列碑文，不得增添一字。

《独立宣言》的起草者，弗吉尼亚宗教自由法案的起草者，弗吉尼亚大学的创办者。"

在碑文里，杰弗逊没有提及做过总统的经历，在他的世界里，创办弗吉尼亚大学能够与一个国家的独立相提并论，是比作为总统更加值得纪念的光荣。

托马斯·杰弗逊的墓碑安放在弗吉尼亚大学不远处的山坡上，墓碑与大学遥遥相对……

19世纪中期。经过半个世纪的发展，1860年，美国已经成为仅次于英国、法国和德国的第四大工业国，此时第二次工业革命的浪潮已经来临，它对技术人才提出了更高的要求，这时，一个严峻的问题出现了。

美国大学的数目和规模仍然落后于欧洲，只有5%的年轻人能上大学，大学依然是美国的稀缺资源。而且农业和机械方面的课程非常少。不少人只有前往欧洲求学。

身为世界第四大工业国却不能完全满足自己对人才的需求。一方面急需人才，一方面又不能够为教育提供更多的财力支撑，美国人陷入了两难的境地。

其实，许多国家都会将教育作为国家发展的重要任务，然而，并不是所有的国家都能寻找到解决这一问题的方法。美国人在150多年前，就寻找到了。

大国崛起 | 教育挽救我们自己，我们的家庭和我们的国家。

1862年7月2日，一个阳光明媚的日子。但在美国第16任总统林肯的心中却是阴云密布。他刚刚得知联邦军队再一次被南方叛乱军队击败，南军乘势挥师北上。

局势十分严峻，林肯寝食难安，没人知道美利坚合众国到底会变成什么样子。

也就在这一天，林肯签署了一项法案，这项法案已提出了十几年，一直没获批准，而且与眼下的战争并没有什么联系。

老骗子撒旦法

美国的公立教育起源很早。早在1647年马萨诸塞州宣布了一项有趣的法令，虽然它还不完全是公共教育的开端，但却是一个不可缺少的里程碑。在后来，当教育日益被美国人所关注时，它就成为一个经常被引用的先例。它是这样来解释教育的必要性的：

"老骗子撒旦的一个主要阴谋是阻止人们去掌握基督教圣经的知识。过去是靠用人们还不知道的语言来达到使人们无法掌握知识的目的，后来则诱使人们不去使用这种语言。"

那么怎样来对抗恶魔的阴谋呢？

"为此，遵照上帝的旨意下令，凡是满50户人家的城镇，必须立即任命一个教师来教本镇所有儿童读书写字，它的薪俸或由儿童的父母，或由儿童的雇主，或由城镇全体居民开支。"

"兹再下令，凡有100户人家的城镇必须设立一所文法学校，以便于教师教导青年使他们有机会进入大学深造。如有城镇无视此项法令逾一年以上者，当处以5英镑罚金，并将其交付邻近学校直至履行这项法令之日止。"

19世纪50年代，联邦众议员杰斯廷·莫里尔提出：由政府以赠地的方式支持教育。但是他的提议一直没有获得批准。直到此时，林肯总统才签署了这项议案。这项《莫里尔法》法案成为后来美国教育发展史的一个里程碑。

《莫里尔法》实际上是一个用土地换教育的法案。为了国家发展的需要，联邦政府动用了惟一的资源——土地。

《莫里尔法》规定，各州凡有选入国会的参议员或众议员，按照每人3万英亩的标准，由联邦政府划拨给各州，各州出售土地的所得，至少资助一所高等院校从事农业和机械工程教育，这样的学校又被叫作"土地赠款学校"。

莫里尔法令实施后，美国共有1300多万英亩公共土地转到各州手中，先后创立了69所赠地学院，28个州单独设置了农工学院。康奈尔大学作为一所私立学校，领取补助后发展成为著名的农业学府；马萨诸塞州在1865年用部分拨地资助了一所私立学校，后来这所学校发展成为享誉世界的麻省理工学院。

美国教育史家卡布莱说："联邦政

府给予教育的多种补助中，似乎没有别的补助像拨地兴建农工学院和以后拨款兴办这类教育，获得更丰硕的成果了。"

1850年美国有116所学院，1860年有182所，而1900年已超过400所。人口在1850年到1900年间由2400万上升到7500万，而同时的学院入学人数增长了20倍。《莫里尔法》为美国庞大的大学院校体系奠定了坚实的基础。

如今，教育的重要性在各国都已经不需要再大做文章了，然而国民们怎样通过实际行动支持教育就另当别论了，也许许多国家的人们会把教育当成政府的事。

今天，美国各州40%的经费用于教育开支，这是任何一个国家都无法比拟的。此外还有相当一部分由慈善机构和私人捐赠完成，他们是美国教育的重要参与者。

美国许多知名的常青藤学校都是由私人创立的，私人的资助几乎遍布美国教育的各个角落并成为美国独特的传统。

卡耐基·梅隆大学、纽约卡耐基音乐厅，这些著名的场所都是以美国钢铁大王卡耐基的名字命名的，美国2500多座公共图书馆和数不清的社会文化设施都与他的名字紧密相联。

他临终前捐献出自己的绝大多数财富，资助公共文化事业，他说："带着这么多钱进棺材，是很不光彩的。"卡耐基因而被称为"美国慈善事业之父"。

但是为什么要把钱投入到文化教育事业而不是其他领域呢？

原因很简单。卡耐基说："哪怕你拿走我所有的财富，只要把技术人员留给我，用不了几年，我又是钢铁大王。"

早在100多年前的这些美国富豪眼中，教育就等于科技，科技就等于财富。

固然有许多极为吝啬的富翁，但以捐赠的方式发展社会文化事业，已经成为美国的传统和普遍模式。卡耐基只是其中一个最生动的例证。

哈佛大学的一位赞助人亨利·希金森所说："教育挽救我们自己，我们的家庭和我们的国家。"

无论是总统还是平民，面对教育这一宏大的主题都能寻找到各自的角色。这样的教育价值观在美国一代又一代的传承着、延续着。

正如美国的一位教育学家所说："凡不曾培养出真正受到良好教育公民的国家不能称其为泱泱大国，凡不能把公民社会的基本价值观传给下一代的国家不可能是好的国家，若不能把本国青年置于最优先考虑的地位，任何国家都不能强大。"

英国教育家埃里克·阿什比爵士曾评价："美国对高等教育的贡献是拆

【托马斯·杰弗逊故居】

除了大学校园的围墙。"美国的大学获得了社会的支持后，也开始为社会服务，校园的边界和社会的边界融合在一起，促进了大学的蓬勃发展，促进了国家科技和经济的繁荣。

经过一个多世纪的努力，美国的教育与国家的经济发展已经浑然一体。不仅使美国在第二次工业革命中走在了世界的前列，甚至还主导了以电子技术为主的第三次工业革命。

它从一个附属于英国的殖民地成长为世界第一强国，从一个依靠欧洲科学技术的国家成长为世界上最大的技术输出国。

根据美国卡耐基小组的一项研究显示，美国当今的经济实力有一半来自教育的贡献。

在当今世界排名前 20 名的大学中，有 17 所在美国。正是因为拥有世界一流的大学，美国才能拥有最杰出的人才和不可估量的知识资本，成就经济和科技大国的梦想。美国200多年来的历史其实也是一部培育教育土壤、培养人才资本的历史。

到今天，这个只有世界人口5%的国家，却拥有着 43% 的世界经济生产力和40%的高科技产品，汇聚着世界上最多、最优秀的科技人才和超过一半的诺贝尔奖获得者。当然，所有的这些人才并不都是美国培养的。

这是一件大事，它的重要性就如同梵蒂冈从罗马搬到新大陆一样。

纽约的埃利斯岛，在1892年到1943年间，曾经是世界各国移民入境美国的第一站，1990年建成了一座移民博物馆。在博物馆大厅，有一件物品格外夺目，它有两面，一面是巨大的美国国旗，另一面是成百上千个不同种族移民的照片。它似乎在说：看，这些人的总和，就是美国。

移民是美国一个永恒的话题，这个国家83%的人都是欧洲移民的后裔。从第一批踏上北美大陆的人们开始，移民的历史就从来没有停止过。移民在美国发展的每个时期都产生了巨大作用。

比如正是来自欧洲的遭受迫害的清教徒移民，打造了美国日后发展的基础。

比如塞缪尔·斯莱特的到来，让美国开始了工业革命。

比如20世纪前半叶一次起源于战争的科技移民，影响直至今天。

1933年，欧洲大陆笼罩在一片阴霾之中，希特勒在德国掌握了政权，对犹太人的迫害越来越激烈，曾经获得过诺贝尔奖的物理学家爱因斯坦也因为犹太人的身份遭到排挤，被迫离开欧洲。

1933年10月7日，爱因斯坦从英国登上了1艘去美国的轮船。法国科学家朗之万得知这个消息后，说："这是一件大事。它的重要性就如同梵蒂冈从罗马搬到新大陆一样。当代物理学之父迁到了美国，现在美国成为世界物理学的中心了。"

爱因斯坦前往美国的心情十分复杂，他并不适应美国繁华的物质生活，但是非常钦佩美国科学研究机构取得的成就。他曾经说："要是我们企图把美国科学研究工作日益增长的优势完全归功于充足的经费，那是不公正的。专心致志，坚韧忍耐，同志式的友好精神，以及共同合作的才能，在它的科学成就中起着重要的作用。"

同时，美国富裕阶层重视科学教育和反馈社会的态度也给爱因斯坦留下深刻印象。

爱因斯坦要去的普林斯顿高等研究院就是这样建立起来的。

10年后，爱因斯坦宣誓成为美国公民。

自由女神

1884年，法国政府为了庆祝美国独立100周年，赠给美国一个礼物，它总重225吨，高46米，这就是为世人所熟知的美国自由女神像，全称是"自由女神铜像国家纪念碑"。

铜像身披罗马式长袍，脚上散落着断裂的锁链，右脚跟抬起，做奋然前行状，右手高举火炬，是一个挣脱束缚、挺身奋进的反抗者形象。

在她左手紧握的铜板上，用罗马数字刻着美国《独立宣言》的发表日期：公元1776年7月4日。这个日子也是美国的独立日。

纪念碑整体由巴黎铁塔的设计者法国工程师埃菲尔设计，雕像由法国雕塑家巴特尔迪创作。女神的形象源于雕塑家亲眼目睹的战斗场景：1851年，捍卫法兰西第二共和国的巴黎人民与阴谋恢复帝制的政变者展开巷战。暮色苍茫中，一位勇敢的姑娘手持火炬，越过街垒，跑在战斗者的前面，高呼"前进"，向敌人冲去，不幸中弹牺牲。姑娘捍卫共和、追求自由的精神以永恒的光辉照亮了17岁的巴特尔迪的心。18年后，这位勇敢的姑娘化成了矗立美国的自由女神。

1886年10月28日，美国总统克利夫兰主持了自由女神像的揭幕典礼。

1942年美国政府作出决定，将自由女神像列为美国国家级文物。

普林斯顿因为有了爱因斯坦，成为举世闻名的科学圣地。

第二次世界大战期间，除了爱因斯坦，还有大量被德国赶走的科技人员先后来到美国，包括费米和冯·卡门这样杰出的科学家。

历史不总是充满偶然，美国能把握这样一个千载难逢的机遇也并不是偶然。

二战即将结束时，苏联把德国大批的设备和机器运回国内，而美国则派出数千名随军科技专家前往德国物色人才，动用了100多架飞机，紧急迎接了2000多名科学家到美国，其中仅火箭专家就有120名。二战结束后，美国一共从德国运回了数万名科学家、工程师及其家属。这在美国乃至世界任何国家的历史上，都是前所未有的举动。

因为这些精英人才的加入，美国在二战后再获突飞猛进的发展。二战后美国取得的科技成果中，有80%是由引进的外国人才完成的。美国核武器的研制、"阿波罗登月计划"的实施、计算机的诞生和应用，在很大程度上都是依靠移居美国的科学家们实现的。

这场声势浩大的科技移民虽然因战争而起，但是让历史机遇垂青美国的真正原因是在于美国对精英人才的渴求和重视。

在200多年的历史中，移民自始至终伴随着这个国家。早期移民给立国之初的美国带来了先进的技术，发展了生产，20世纪初美国开始加大技术移民的比例，精英移民的进入又为美国带来了创造先进技术的能力。

今天，美国的科研人员中有20%是移民，在硅谷有三分之一是亚洲人，

华纳兄弟、米高梅、派拉蒙等著名的电影公司是犹太人创立的，《纽约时报》、《华盛顿邮报》等一批有影响力的报业都是由移民创办的。移民在美国塑造的辉煌无法一一历数。

教育为先、广纳贤才、人才立国的战略让美国在历史关键的转折点上脱颖而出，迈向世界经济和科技的顶峰。

不过，换个角度来说，移民是有条件的，美国给后来的移民设置了一套游戏规则。

在自由女神像下刻着一首诗：

"都给我吧，把那些疲惫的人、穷困的人，渴望自由呼吸的芸芸众生，喧闹海边的可怜虫，都送到这里来，无家可归、颠沛流离的人们。在金门之旁，我高举明灯。"

但在1921年以后，美国人实际上把这些话改变成"把那些富裕的、受过良好教育的、幸运的人交给我吧"。埃利斯岛每天都要筛选进入者，每个人都要受到健康检查和智力测验，还要盘问经济情况和职业前景，那些可能变成公众负担的人被赶回来处。

1882年，美国还向每位申请移民征收人头税。1921年国会通过一条法律，限制进入这个国家的移民人数。

七、初露峥嵘

1776年，美国建国的这一年，影响西方国家经济理念的《国富论》诞生了。撰写《国富论》的经济学家亚当·斯密用"看不见的手"来形容经济规则，这一思想为美国的经济带来深刻而重大的影响。

不管是理论在先，还是实践在先，总之美国经济的发展受亚当·斯密理论的影响很深。19世纪中后叶，自由市场的发展给美国带来了繁荣。它从一个充满乡野气息的国家开始向城市化发展，边疆在不断扩大，繁华的城市在不断出现，规模化的工厂、钢铁企业、横贯大陆的铁路线、广阔的农田遍布在这块国土上。

大国崛起 当红色的蔷薇含苞待放时，惟有剪去四周的枝叶，才能在日后一枝独秀，绽放成艳丽的花朵。

在19世纪的欧洲思想界，发生了两大惊世骇俗的事件，一件是1848年《共产党宣言》发表，标志着马克思主义的诞生；另一件是1853年达尔文的《物种起源》发表，标志着生物进化论的诞生。

这两者都从根本上对传统观念进行挑战，但对社会发展所起的影响却是相反的。马克思的思想是消灭一切不平等，而达尔文则承认自然界的法则，就是适者生存。

与达尔文同时代的赫伯特·斯宾

【约翰·大卫·洛克菲勒】

塞将达尔文的自然理念用于人类社会，这一理论证明社会不平等、承认弱肉强食。斯宾塞的理论迅速传到美国，在那里找到了合适的土壤。

1855年，一个少年当上了会计，由于他向老板提出加薪的要求不能满足，他愤而辞职，创办了克拉克—洛克菲勒商行。他就是约翰·洛克菲勒，日后的美国石油大亨。

1859年，宾夕法尼亚州发现石油，洛克菲勒看准了炼油业的前途，1863年合资创办"精进炼油厂"。1870年1月10日，洛克菲勒创建了标准石油公司。1879年6月，洛克菲勒组建了世界上第一个"托拉斯"石油工业集团。

从标准石油公司的创立到遍及全美的石油工业大托拉斯的形成，洛克菲勒仅用了10年的时间。

洛克菲勒首先与铁路公司结盟，让所有运输石油的铁路公司携手合作，提高对中小石油企业的运费价格。1个多月中，洛克菲勒吞并了20家炼油企业，形成了独霸局面。

转而，洛克菲勒又向昔日"盟友"的铁路公司开刀。利用铁路巨头间的矛盾，控制了匹兹堡石油运输。

在独霸了炼油和运输后，他又将目光瞄准产油区。洛克菲勒高价收购宾夕法尼亚的原油。原油业主们利令智昏，纷纷贷款投入抢采。之后，他突然宣布停止收购，油价大跌，原油主这才发现钻进圈套，纷纷宣告破产。洛克菲勒马上成立了"埃克森公司"，收购原油主的股票，进而吞并了宾夕法尼亚大油田。

完成了炼油区、石油运输和产油地的三步吞并之后，洛克菲勒向垄断全美石油工业的霸主地位挺进。他说："当红色的蔷薇含苞待放时，惟有剪去四周的枝叶，才能在日后一枝独秀，绽放成艳丽的花朵。"

标准石油托拉斯先后吞并了美国近百家石油企业，全面垄断了美国的炼油企业和石油销售，登上了石油大王的宝座。1890年，全美90%的石油提炼被标准公司控制。

19世纪后期，美国出现了一大批钢铁大王、石油大王、牛肉大王、电讯大王、铁路大王、金融大王，这些大企业、大财团的出现，造就了美国辉煌的时代，这也就是美国的"镀金年代"，但这个词所包含有讽刺意味。这一辉煌年代是建立在极其残酷的竞争基础上的，而且美国低层人民生活并不那么美好。

当时，一些大企业家如卡耐基、休伊特亲自撰写文章，他们以进化论为工具，批判社会主义和工会主义。他们的说法是，美国的经济发展一直朝着造福人类的正确方向发展，工商企业集中在少数人手中是竞争法则的必然结果，不但有益无害，而且是促使人类进步所必需的。这种竞争无论多么残酷，对全人类来说仍然是最好的，因为它保证了人类的适者生存。

1889年，卡耐基发表了一个名为《财富的福音》的演讲，大谈财富是社会文明的根本，同时还认为竞争的规律决定了只有少数人才能获得财富。当然，他也阐述了卡耐基原理的最后一条：富人有责任使整个社会受益。

但这种观念在当时就遭到人们的非议。1905年，当波士顿的教会收到洛克菲勒10万美元的捐款时，牧师们不是大唱赞歌，而是响起了一片愤怒的叫嚷，牧师们强烈要求把"这笔肮脏钱"退回去。

对于是否收下这笔钱，后来成为全国讨论的话题，"肮脏钱"也成为人们经常使用的时髦语汇。有的人建议收下这笔钱，因为可以用这笔钱为上帝和教徒服务，但很少有人认为那位施主的灵魂也会因此得救。

参议员罗伯持·拉福莱特说洛克菲勒是"当代最大的罪犯"。报上的漫画把他丑化为一个长腿的伪君子，一只手施舍几枚硬币，另一只手在攫取成袋的黄金。

不过，不管大财阀们的这种观念多么讨人嫌，在当时的确推动了美国的发展。而且洛克菲勒们的眼界已经不仅仅是在美国国内了，他们还想向更高的目标发展。

世界又被摩根先生重组了一回

在发明电灯的时期,门罗公园有一位常客。一位瘦高个男子经常来拜访爱迪生,他受到了爱迪生的热烈欢迎,因为他来为发明家解决筹款和投资的事宜。他叫J·P·摩根。

发明电灯是一个耗资巨大的项目，每周需支出800美元，靠个人是无法解决问题的。为此，爱迪生以股票的形式获得了摩根公司等三家大财团的支持。他们拿出30万美元来支持爱迪生搞电灯发明，条件是合伙开办电灯公司，持有发明专利以及卖出专利的权利。

爱迪生因此同华尔街建立了紧密的联系，以后在发明筹款上再未遇到过困难。

摩根运用金融的手段帮助爱迪生把大脑中的奇思妙想不断地变成现实。他本人也享受着发明的好处，爱迪生的第一台发电机就为摩根的办公室提供了照明电。

当然，摩根的威力并不仅在于促成爱迪生的发明，从另一个角度来说他也是个发明家，只不过不同于爱迪生的方式，爱迪生通过实验创造一项又一项科学奇迹，而摩根则运用市场和金融创造一个又一个经济奇观。

华尔街上的纽约证券交易所，1个多世纪以来，周一到周五每天都那么繁忙吵闹，在永无休止的报价声中，财富以数字形式出现，为这个现代化强国提供了前进的动力。

在19世纪末、20世纪初，华尔街以越来越大的力量介入到美国的经济生活，经常搞得世界目瞪口呆。而在当时，华尔街的代名词就是爱迪生的好友J·P·摩根。

摩根成长于南北战争时期的华尔街，他把华尔街迅速变成了正在兴起的全球经济中最主要的力量之一。在19世纪末，史无前例的美国工业化进程中，他和他所代表的华尔街为美国一举成长为世界最大的经济实体筹集了所需的巨额资金。

1892年4月，爱迪生发明灯泡13年后，爱迪生通用电气公司和汤姆森—休斯顿电气公司合并成为通用电气。合并双方是美国电器设备制造行业的前两名，且各自拥有1名发明天才：爱迪生和汤姆森，主导并购的是资本之手：J·P·摩根。

一般来说，这家合并后拥有1万名员工及数千项专利的电气行业巨头，应由规模较大的爱迪生公司控制，但摩根却将汤姆森—休斯顿公司的总经理扶上前台。

虽然由此导致爱迪生的黯然出局，但这至少从两个方面决定了通用电气的命运：首先明确了通用电气是一家由优秀企业家而非天才发明家主导的

【昔日的门罗公园】

企业；在此后，摩根不再插手公司事务，这为后来的公司董事会立下榜样，在其百年历史中，并无一任总裁遭受董事会指手画脚乃至逼宫，而是得到尽可能多的支持与建议。

而这恰恰也正是西方各国奉行了数百年的自由市场经济的精髓。英国、法国、美国等国政府长期以来管理经济的方式与摩根管理公司的方式如出一辙。

"最好的政府是管得最少的政府"，这一度是美国人对于政府的期望与要求。从建国者们开始就尽量让科技、教育和经济这样的领域独立于政府之外，只通过立法等手段为这些领域提供条件和支持，但怎样具体运作决不横加干涉，更没有行政命令，任其自由发展。

但是问题很多，诸如无序竞争日渐增多，闲散资本过多，价格战频繁，这对美国经济和产业发展造成了许多不利影响，那个时代为企业和金融领袖的诞生提供了机遇。

于是，在19世纪末、20世纪初，借着第二次工业革命的东风和市场经济自身的调节力量，自由市场经济达到了顶峰，而其标志就是大财团和大企业的出现。

摩根代表着美国金融资本的力量。1895年摩根创建J·P·摩根公司，同年他因借给窘迫的美国政府6000万美元的黄金而赚取可观的利润。摩根认

为，要想建立正当的秩序，必须进行大规模的兼并与改组。

摩根帮助投资并改组了美国一系列重要工业——铁路、钢铁、电报、电话、电力，他的努力与爱迪生、卡耐基、洛克菲勒的努力交织在一起。到1890年，美国钢铁产量已超过英国，铁路长度超过欧洲和俄国的总和。

然而，摩根并不满足，他的视线越过两大洋，注视着全球。

摩根告诉美国银行家和工业巨头们，美国的钢铁工业还可以再上一层楼，如果进行一次新的更大规模的合并，组建一家规模最大、效率最高的大钢铁公司，那么凭借规模经济和专业分工的巨大优势，这个公司将击败英国和德国的钢铁公司，称霸世界钢铁市场。

1901年，美国金融大王摩根对钢铁大王卡耐基说："卡耐基先生，祝贺你成为世界上最大富翁。"就在这一天，卡耐基以4.8亿美元的价格把他的

【纽约证券交易所】

华尔街的朱庇特

摩根，这个留着八字胡须的美国银行家，代表着垄断时代金融资本的巅峰力量，但是这位华尔街的朱庇特（众神之王）在去世时，他的遗产金额之小，令所有人意外，他名下不动产总额6000万美元，银行存款和个人名义的股票等为2000万美元。这在当时虽然也是一笔巨款，但与他的名声相比却相差甚远。

但这位"朱庇特"的事业并不是镜花水月，即使在他死后，他所创建的金融帝国并没有因他的去世而崩溃，而是继续高速运转。

到1929年，在"摩根帝国"中，以摩根公司为中心，实行董事连锁领导，在五大金融资本以下，有超过20万的金融机构互相关联，组成严密的"摩根体系"。

这一金融集团占有全美金融资本33％，总值200亿美元，还有125亿美元保险资本，占全美保险业的65％。此外，在美国35家大企业中有摩根公司的47名董事，包括美国钢铁公司、大陆石油公司、通用汽车公司、通用电气等等。

上述所有相加，当时摩根体系拥有740亿美元总资本的控制力，相当于全美所有企业资本的四分之一。167名董事，控制着整个摩根体系，贯彻着"华尔街指令"。

个人财富与"帝国"财富的差距，很大程度上是因为摩根本人更看重的不是对金钱的个人贪欲，他要做的是事业，用他的话说就是：

"像侵略那种模式的投机，是绝不能从事的，希望能够在华尔街坐镇指挥，成为全美国企业的领导者。"

钢铁公司并入摩根组织的大型托拉斯组织——美国钢铁公司。

这笔交易使美国钢铁公司的资本额高达14亿美元，与之相比，当年美国政府的全年预算也不过5.25亿美元，整个美国的制造业总资本也不过90亿美元。

这是一个真正的巨无霸，它成为世界上头号钢铁公司。它的产量曾一度占美国钢铁行业生产总量的75％，世界产量的45％。而这正是摩根所要达到的效果。

这笔交易使整个世界目瞪口呆，华尔街开始流传一个段子：

摩根信条

摩根在一次听证会上说："我认识相当多的商人，如果对这些人的信用没有疑问的话，无论多少都可以贷到，这种人不计其数。"

有人认为摩根的信用贷款与清算交易是造成经济恐慌的原因，于是问："你是说可偿还贷款的那种信用吧？"

摩根的回答说："不！是那种人相信人的信用，先生。"

对方继续追问："请问，你是不是说谁都可以相信，不管他有钱没钱？"

"对！"

"即使他一文不名？"

"是的，许多身无分文的人到过我的办公室，我当场开给他一张百万元支票，如果我信得过他！"

"难道商业信用不依赖金钱与财产吗？"

"除了金钱财产不是还有人格吗？"

"哪一项最重要？"

"当然是人格！金钱买不到的人格。"

"难道在交易所你也如此吗？"

"是的，我贷款给有人格的人。"

第二天，各大报刊推出大标题："摩根信条——人格是信用的基础。"

老师问学生：是谁创造了世界？

学生回答：是上帝在公元前4004年创造了世界，但在公元1901年，世界又被摩根先生重组了一回。

摩根开始有一个外号"朱庇特"，罗马神话中的众神之王。

摩根开启了一次并购的浪潮。通用电器、杜邦公司、标准石油、柯达公司等等这些依然是世界500强的企业，在19世纪末、20世纪初就以经济航母的姿态出现在世界经济舞台上。

这是美国第一次并购浪潮，它彻底改变了美国的经济结构，3000家公司消失，一些大公司控制了美国大多数产品的市场。巨大的工业集团才兴起，就被更巨大的工业集团吞并，置于强大的金融资本控制下。

到1910年，托拉斯组织已达800家，不少部门被几个甚至一两个大托拉斯所垄断。洛克菲勒的"美孚"石油公司当时占有美国市场份额的85%，它仅通过3个炼油厂就控制了世界石油产量的40%。在当时有72家大公司分别控制了各自市场份额的40%，有42家大公司甚至控制了市场的70%。

托拉斯成为美国经济生活的统治力量，掌握着国家的经济命脉。

早在1890年，恩格斯就指出，在各种工业发展方面，美国已经肯定地起着主导作用。如果美国实行了贸易自由，那么再过10年，它就会在世界市场上击败英国。

历史证实了恩格斯预言。以强大的国内工业界、金融界为后盾，凭借无数发明创新的成果，美国终于在国际市场上占有了优胜地位。

20世纪初，美国经济极大发展，进出口在10年间翻了一番，其工业生产的年平均增长率为4.8%。钢产量到1913年达3100多万吨，占世界总产量的41%。这一年，美国工业生产占整个世界工业生产的38%，比英、法、德、日4国之和还多。

大财团和大公司不仅推动了生产力的发展，使美国企业在全球的市场竞争中占据上风。它还改变了生产组织方式。

大国崛起 | 你不能坐着澡盆进城

在今天美国福特公司的一条汽车流水线，每隔3秒就有1辆汽车从这个传送带上走向全球的各个角落。汽车如此深刻地融入了人类的生活，甚至成为一种生活方式。而在这一过程中起关键作用的正是流水线，它最早的理论家是弗雷德里克·W·泰勒，而实践者是福特集团的创始人亨利·福特。

泰勒这位哈佛大学法学院的高才生，因为视力问题不得不离开大学，到费城一家机械制造厂作学徒。1878年，他到一家钢铁厂当工人，他的才华和勤奋使他在6年时间里从一个最普通的工人成为总工程师。

为了解决当时工人"磨洋工"的问题，他花了12年时间研究工厂管理。1911年，他发表了自己的著作《科学管理原理》。这是世界上第一部有关管理的专著，是"科学管理"兴起的标志，人们把他提出的管理制度称为"泰勒制"。

其实质就是将工作流程尽可能地分解开，把每一个动作以最快、最好的方法固定下来。测算出时间，工人的工资就以此为基础制定。进而从任务、方法、工具和原料方面都形成标准化。其实，泰勒制更像一场"心理革命"，教会人们用科学管理来代替经验管理。

泰勒开创的"管理革命"，很快就转化为强大的生产力，并成为推动美国迅速走向工业化的重要因素。

1910年，福特面对日益广阔的汽

车市场，意识到原始的手工组装技术和工序效率低下，应当像马车一样退出历史舞台。

那么用哪种新方式来提高生产效率呢？

泰勒的理论和当时的屠宰业流水线给了福特灵感，当他看到从屠宰线起点来到终端，一头活牛已被分解成一块块牛肉时，大受启发，提出了与此相反的工作流程，对大批量汽车流水作业方式作出了精彩的构想：

大批量生产方式就像奔流不息的河流一样，在准确的时间涌出材料、原料的源泉，然后汇合成一股小零件的河流，这条河流又在准确时间汇聚成大零件的河流，当这些在准确时间流动的河流汇集到河口出处时，一辆完整的汽车就诞生了。

经过不断尝试，1913年，世界上第一条流水线在福特汽车厂建成投产，从这头进去的是零件，从那头出来的就是一辆汽车。

组装一辆T型汽车的时间由12.5小时缩短为1.5小时，装配速度提高了8倍，每隔10秒就有1辆T型车驶下流水线，年产量达到13万辆。1915年产量超过了40万辆。1927年，当T型车停止生产时，总共出厂1500万辆。缔造了一个至今仍未被打破的世界纪录。

然而新的生产方式也带来了新的问题。

大批量的生产意味着工厂不再需要全能型的工人，生产流程被细化了，原来只需1名工人完成的工作到1914年已被分解成30多道不同的生产工序，每一道工序都由不同的工人完成，工人必须跟随机器流水线的节奏不间断地重复单调的动作，时间一长，人也仿佛变成了机械。这一枯燥而高强度的工作只能换来每天2.34美元，在当时属于一般性的收入，工人们纷纷离去。

面对成群结队辞职的工人，福特被震动了！如果不把工人，特别是熟练工人留住，这种最新的生产方式就无法发挥作用。

福特决定采取行动。

1914年，福特公司宣布：改9小时工作日为8小时工作日，实行5美元工作日，相当于当时平均工资水平的两倍。这简直就是一场革命。

在宣布这一决定的第二天，就有上万名工人涌进福特公司，人们疯狂地拍着大门，一边高喊着"五美元，五美元"。而企业界则怀疑福特能否赢利，甚至有人预言他会很快破产。

然而，1914年福特公司的利润报告使许多人跌破眼镜，福特公司税后净收入高达3000万美元。实行高工资，看似福特作出了牺牲，其实他得到了远比以前更高的利润。

这种大规模流水装配线带来了工

业生产方式的革命性转变。以流水线生产方式加高工资、严要求管理方式的福特制，为后来汽车工业的发展提供了楷模，掀起了世界范围内具有历史进步性的"大批量生产"的产业革命，并且迅速地改变了人类生活。

流水线使生产成本直线下降，也使T型车的售价由1909年的950美元下降为1914年的490美元，1916年的360美元，也就是说福特公司的工人在1914的收入能买2到3辆T型车，1916年则能购买3到4辆T型车。

福特流水线生产出的T型车使汽车不再是少数富人独享的奢侈品，汽车不仅成为许多以工资为生的普通人家预算单上的项目，许多乡下农夫也开着T型车乐呵呵地和富人一起在公路上飞奔。

一位美国作家写道："大门前摆着一辆汽车，意味着前所未有的机动性，……当一位农民的妻子被问及为什么她家里有汽车反而没有澡盆时，她简洁地回答：'你不能坐着澡盆进城。'"美国开始成为一个绑在车轮上的国家。

1922年，世界上奔跑的每10辆汽车中就有5辆是福特T型汽车，到1947年，福特欣慰地离开人世时，福特汽车公司生产的汽车已经和当年美国人口一样多了。

奔驰公司的经理参观流水线后说："这个工厂无论是设施还是生产方式，都是世界第一流的。"

尽管流水线在卓别林的《摩登时代》里受到了喜剧大师的冷嘲热讽，但没人能否认，在大工业时代，这种生产方式产生的成果带给人类无穷的梦想。人类无法拒绝的，是一个时代。人们无法忘记，正是那个叫亨利·福特的家伙第一个把美国人成批地放到车轮上。

大国崛起 史海钩沉

底特律的墨索里尼

尽管福特的大生产方式得到了企业界的认可，不过也遭到工人们的反感。一连几个小时千篇一律的操作使人紧张得快要发疯。

在喜剧大师卓别林的电影中，流水线遭到了极大的嘲笑和谴责，人被流水线所摧残、异化的现实，让人在笑过之后不禁毛骨悚然。

一名叫查里斯·马迪森的工人，在福特公司工作一周后就离开了，他在日记中写道："这是一座把人变成机器的人间地狱……"

1914年1月，一位工人的妻子写信给福特说："你的传送带比奴隶主的皮鞭还厉害！"

《纽约时报》称福特是"底特律的墨索里尼"。

八、进步主义运动

19世纪末到20世纪初，大企业、大财团相继出现构成了美国经济社会的主要图景，它为美国经济带来了空前的繁荣，也使美国成为世界第一经济大国。然而，在这种繁荣的背后，却出现了严重的两极分化和各种罪恶，社会的不满在悄悄滋生。

大国崛起 | 一场世俗性的大觉醒

1896 年，查尔斯·斯帕尔在一项调查中发现，占全美国人口1%的人拥有的财富占全美财富的一半以上，12%的人拥有全美的财富近 90%。

罗伯特·亨特在《贫困》一书中讲道："很可能，在相当繁荣的年代，处于贫困之中的人不下1000万。"据他推算，1904 年全美国至少有 400 万人靠救济生活。

在当时美国 2900 万劳动者中，竟有 175 万人是 10 岁到 15 岁的儿童。

而那些政党的领袖们却用金钱和官位来操纵包括选举在内的各种政治活动。《城市之羞》的作者林肯·斯蒂芬斯这样评价繁华的美国都市：

圣路易斯代表着贿赂，印第安纳波利斯意味着来自方针政策上的不义之财，匹兹堡暴露出一个政治和工业的核心小集团，费城展示了文化制度的彻底腐败，芝加哥是改革的假象，而纽约就是好政府的幻梦。

美国人追求自由和平等的传统观

念受到了巨大的冲击。最先洞察这种现象的是美国的新闻界，进步主义改革运动就是在这个时候开始的。进步主义时期最有代表的是新闻界的"扒粪者"。

"扒粪者"一词是当时的美国总统西奥多·罗斯福对新闻记者的嘲讽，他把那些揭发黑幕的人比作《天路历程》中那个不仰头看天国的王冠而只顾扒污物的"带粪耙的人"。但是，这个称呼却被公众所接受，反而变成正面的称号，从此载入字典，成为专门揭露各种腐化丑闻和黑暗内幕的代名词。

《麦克卢尔》杂志是当时最有名"扒粪者"刊物。它的创始人麦克卢尔本人开始并不是存心与大财团作对，他选中洛克菲勒家族的标准石油公司作专题系列时，原本是怀着钦佩的心情想要报道其走向成功之路。

负责撰写此稿的女记者塔贝尔也不是一开始就有意揭丑，但是作为新闻工作者，忠于真实的原则和职业的本能敏感促使她穷追不舍，结果该公司如何通过巧取豪夺致富，政府又如何予以纵容，以及工人的困苦生活等内幕被详细解剖，揭露无遗，结论是实际上公平的个人自由竞争已经不复存在。

这一系列文章后来结集成《标准石油公司的历史》一书十分畅销，几乎成为揭露大财团的经典著作，并为进步主义的代表作之一，塔贝尔也因此成为著名的改革派记者。

此后，一大批新闻记者和文化界人士笔锋所向，开始挖掘美国社会各个角落的阴暗面。从大工厂到贫民窟，从童工到女工，从红灯区到政治交易，从保险公司的欺诈行为到铁路公司的管理不善，从对工人的残酷压迫到种族歧视，许多肮脏而悲惨的社会现象一一暴露在光天化日之下。

比如那位写成《城市之羞》的作者林肯·斯蒂芬斯面对19世纪末高速发展的城市中的阴暗面，特别是因政府疏于管理所引发的一系列社会问题，把目光盯在了政府腐败问题上。

1902年—1903年间，斯蒂芬斯先后调查了圣路易、明尼阿波利斯、匹兹堡、费城、芝加哥和纽约等地的政治状况，所见所闻令他眼界大开，所发现的政治腐败现象之普遍，程度之深广，令他吃惊不已。

斯蒂芬斯撰写了一系列文章，材料非常丰富而翔实，而且"指名道姓、写出具体日期、贿赂的金额、讨价还价和最后分赃的数额等"，这都是经过他实地考察且"往往是历经生命危险"而写成的。这些文章在《麦克卢尔》发表后，又结集成书，是为《城市之羞》。

现实虽然残酷，但斯蒂芬斯对美国民主政治并不失望，他认为反腐之道不在于改变民主政治的基本架构，而在于完善它，要"呼唤公民自身，拯救道德沦丧"，"为自治而斗争"，人民要起来废除特权，至少是将特权置于觊觎者无法触及的地方。

斯蒂芬斯的一系列报道推动了美国城市的政治改革和市政改革，一些州开始改革选举制度，以打破城市寡头、扩大民主管理和政治平等。

美国作家马克斯·勒那如此评价斯蒂芬斯："如果我们在评判一位历史人物的价值时，是以他是否有利于创造一个更丰富、更健全的美国文明为标准的话，那么，……林肯·斯蒂芬斯……这样的人就应是每一所学府赞扬的英雄。"

"掘粪者"们激发起了整个美国社会的道德感和社会责任感，为改革创造了舆论环境和社会基础。这一运动还直接推进了修宪以及食品检查法、联邦储蓄法、反托拉斯法、联邦贸易委员会法等一系列的立法进程。

人们这样评价这场运动："这实在是一场世俗性的大觉醒，因为那些新闻记者……力图激发全国的罪恶意识。"

这一运动成为美国的一个传统，丑闻的揭发者在美国一直受到尊敬和景仰的，不管多高位、多有钱的大人物，只要有丑闻，就一定要把他揭出来，总统也不能例外，这实际上成为美国社会的一个重要监督力量。

美国的历届政府既讨厌这股力量，但又离不开，因为某种程度这也是平复社会积怨的泄洪口。

大国崛起 | "制服托拉斯。"

西奥多·罗斯福于（史称老罗斯福）1901年接任美国总统，成为进步主义的推动者。

他在白宫为新闻界专门设置一个办公区，为他们提供便利设施，他经常从忙碌紧张的一天中抽出时间甚至是整修仪表的时间和记者交谈，让他们相信他的政策是正确的。虽然有时候他很矛盾，尤其是当新闻记者损害了他的利益，他就会发出"掘粪者"这样的嘲讽。

但总的来说，他与进步主义运动是相辅相成的，他的任期也正是这一运动轰轰烈烈开展的时代。西奥多·罗斯福认为国家面临两个危害：一是暴民，二是托拉斯。他的口号是"制服托拉斯"。

1901 年西奥多·罗斯福发表就职演说，表达了美国对繁荣强大的信心和对存在问题的认识，他认为，美国产生了"与工业中心巨大财富积累密不可分的烦恼与焦虑"，他一针见血地指出："我们的实验成功与否不仅关系到我们自己的幸福，而且关系到人类的幸福，倘若我们失败了，全世界自由自治政府的基础就会动摇。"

罗斯福的讲话不长，但是很坚决。他在后来表示，如果这一改革与宪法有所矛盾，那就对宪法提修正案。罗斯福改革的态度十分坚决。行动同样也十分坚决，在他接任总统后立刻采取了一次重要行动。

1902 年 2 月 19 日晚，摩根在他的寓所举行简单的宴会，突然电话铃声大作。摩根接完电话回到座位时，他握着杯子的手因愤怒而微微发抖。因为他刚刚得到消息，司法部长诺克斯在罗斯福命令下，对摩根等巨头的北方证券公司提出控告，理由是它违反了《反托拉斯法》，必须解散。

就在诺克斯提出控告后第 3 天，摩根晋见了总统，他质问 43 岁的年轻总统："你为什么直接提出诉讼，却不事前通知我呢？"

罗斯福的回答是："我才不事先通知呢，……我的一贯方针就是决定后立即执行！"

摩根继续说："总统如果认为我们的企业违法，请司法部长同我们的律师互相协调不就可以了吗？"

罗斯福依然强硬地说："不，不可以！"

司法部长诺克斯补充说："我们要禁止垄断，因为它妨碍了自由竞争，这不是协调可以解决的。"

看着摩根铁青着脸离去，罗斯福对诺克斯说："这就是所谓华尔街朱庇特所想的！他把堂堂美利

史海钩沉

爱戴的原因

1906 年底，一位年轻的军官来到西奥多·罗斯福总统身边当一名低级副官，他的名字叫道格拉斯·麦克阿瑟，这个年轻人还不是后来叱咤风云的五星上将、二战英雄，他只是一个初出茅庐的中尉军官。

"您如此受到人民的爱戴，原因是什么呢？"麦克阿瑟曾经这样问。

"把民众心里说不出的苦恼替他们表达出来，这就是原因。"罗斯福总统平静地回答。

【西奥多·罗斯福雕像】

坚合众国总统当作他的一位投机竞争对手，把我当成要毁掉他公司的人，一旦情势于他不利，就提议妥协了。"

诺克斯问道："妥协吗？"

总统的回答是："不！因为屈服的不是我。"

经过两年的较量，摩根败诉。这一裁决让华尔街大为震动，因为"金融皇帝"们知道自己不能为所欲为了。

罗斯福以打击托拉斯赢得了"反托拉斯健将"的美名，他还要求对罢工的煤矿工人实行"公平待遇"，他支持对肉类生产行业进行联邦调查，支持食物卫生和药品立法，使政府有权为保护消费者而制裁弄虚作假的食品制造商。

在罗斯福的两届任期内，提出了43起反托拉斯的起诉案件。还有1903年由国会通过的《埃尔金斯法》和1906年由国会通过的《赫伯恩法》。这些法案禁止铁路公司擅自定价和给大公司优惠，授权州际商务委员会确定铁路最高运费。

这些事件标志着美国政府干预和调控经济的政策已经出台，虽然自由市场竞争带来的强大作用已经呈现出来，但它所带来的社会矛盾也正在显现端倪，尤其是那些大财阀的力量实在是太大了，大得足以挑战国家政权。

1907年的一天，美国财政部长乔治·科特柳急冲冲地走进摩根的办公室，请求摩根挽救美国经济。

这次经济危机缘于两个大公司之间的恶性竞争，规模并不大，但却引

【华尔街】

发了华尔街的经济恐慌，人们奔向银行，挤兑出现了，几家银行很快就撑不住了。

向来笃信自由市场、不插手经济运行的美国政府连中央银行都没有，经济问题很多时候都交由华尔街的巨头们来处理，20世纪初，真正控制美国经济命脉的正是这些巨头。

摩根召集华尔街的银行家们开会，他把一份文件扔到桌子上，要求他们筹集2700万美元，银行家们一个接一个地在文件上签了名。很快，巨额资金出现在市场上，当人们发现银行能够满足他们随时提取现金的要求时，恐慌结束了，危机被扼杀在萌芽状态。

这一事件引起美国政府的重视。国家在紧急情况下只能求助于华尔街的实力派这一残酷事实，自由市场经济可能存在问题，使一些人认识到经济体系的正常运行可能需要政府的调控。

1908年，美国国会通过《奥尔德里奇—弗里兰法案》，规定，发生危机时采取政府干预措施。那么，这就能够战胜危机吗？

摩根表示怀疑。他依然笃信自由市场这一看不见的手。

摩根曾说过："品德比金钱、比一切都重要。金钱买不来品德。一个我不能信任的人，即使他以整个基督世界的一切做抵押，也不可能从我这里借走1分钱！"

摩根的时代，是笃信个人品德的时代，也是自由市场经济的巅峰时期，经过30年的发展，自由市场经济的确发挥了巨大的作用。一个出色的金融家，一个讲信用和品德的大财团首脑甚至可以扮演中央银行的角色，但这种纯粹的自由市场经济会走向何方？

美国政府对此实在是没有把握。1912年设立的一个委员会，对金融垄断所进行的调查发现，投资银行家又成为"我们的金融寡头的主导力量"，于是在1913年12月美国国会通过了《联邦储备法》，改革国家金融货币体制，建立了联邦储备银行系统，加强了国家对金融货币系统的控制与管理，有助于整顿金融领域的混乱局面。

此时，美国的自由市场经济制度发展到了顶峰，市场竞争的作用发挥淋漓尽致，同时也推动了科学技术、文化教育的发展。但是随着自由市场经济制度的发展，市场的无序，经济组织及相互关系的变化，经济发展与社会公正的脱节，都要求有外在的力量进行调节。最初依靠大公司的组织和管理来缓解自由市场的无序，但这还不够，还需要国家权力的直接干预。

1913年，摩根去世了。但市场自由调控经济的方式依然拥有强大的力量。

没有人想到，这一经济管理方式很快就被残酷的现实击得粉碎。

九、新政之危

　　1929年10月21日，美国人为爱迪生的生日庆典高兴之余，也有些许担心。因为据说在致答谢辞的时候，老发明家因过于激动引发心脏病，被送入医院。

　　不过这担心并不影响人们的好心情。人们没有意识到，这可能是一个象征，随着电气时代开启者的倒下，美国10年的繁荣结束了，甚至长达200多年的西方自由市场经济也面临崩溃，人类像需要光明一样需要创新精神引领着走出恐惧和沉沦。

大国崛起 梅隆拉响汽笛，胡佛敲起钟，华尔街发出信号，美国往地狱冲。

　　1929年10月24日，也就是爱迪生生日庆典后3天，对于纽约来说，这天是一个天气清爽的晚秋，大多数市民都像往常一样充满信心地奔忙着，繁荣已经持续了10年。

　　借着第一次世界大战的良机，美国从战前全世界最大的债务国变成最大的债权国，欧洲各国欠美国政府100亿美元之巨。相当于1916年美国政府收入的13倍。

　　华尔街成为世界金融体系中的太阳，而环绕其左右的是全球其他金融市场，包括伦敦、巴黎、柏林……

　　一个全新形态的大国正在强势逼

人地走上国际舞台，它将给世界带来古罗马帝国和大英帝国都不曾拥有过的影响。

在这样一个似乎繁荣可以天长地久的国家，人们认为自由市场经济威力无穷，没人意识到繁荣可能突然中止。

其实，危机的种子已经埋藏了很久。第一次世界大战后，流水线的推广使劳动生产率提高了40%以上。但是工人的收入并没有随之增加。

1929年，一个家庭如果想取得最低限度的生活必需品，每年须有2000美元的收入，但当时美国家庭60%以上是达不到这个数字的。一句话，购买力跟不上商品产量。

股票市场的投机愈演愈烈，经济中的泡沫聚积成了一个繁荣的大气泡，随时都有破灭的可能。

而信奉自由市场经济的各国政府却对此视而不见，听之任之。没有人想到这是悬崖边的舞蹈，随时会跌入深渊。

10月24日这一天，纽约股票交易所中的人们像大地震之前的小动物一样惊恐躁动。股市价格瞬间下滑，银行家们运用摩根的方式费尽力气才稳住股市。但是好景不长。

10月29日，股市行情一天之内下跌23.6%，创下了历史上最惨重的下跌纪录，几乎击碎了所有人对美国经济的信心。

股市是经济状况的晴雨表，一叶落而知秋，现在是秋风扫落叶了。纽约股市打的这个喷嚏，引发了西方自由市场经济200余年积累下的种种危机，让整个西方世界的经济都患上了重感冒，全世界陷入混乱之中，当然受害最深的还是美国。

1929年，美国的深秋比严冬还冷。人们一片恐慌，纷纷到银行提取自己所有积蓄，挤兑摧毁了7000多家银行。联邦储备银行束手无策，千百万人民的生活依托瞬间化为乌有。

经济大危机短短两年多时间就使14万家各类企业倒闭，1700多万人失业，失业率高达28%。残存的大企业也是苟延残喘，美国钢铁公司当时的开工率也只有19.1%。

当时连在纽约百货公司开电梯也要有学士学位，对许多大学生来说，这是最好的差使了。

美国大小城市里，饥民们排成长队，等候免费面包和一点汤。千百万人日复一日找不到工作，眼看孩子日渐消瘦，只有彻夜同绝望交战的份儿。

远离城市的农民也在劫难逃。大萧条使农产品难以出售，到处是过剩和价格暴跌。农民负债累累。一位牧场主赊到了一些子弹，把一群牲口全部杀了，扔进山沟，由它烂去，原因是卖牲口的钱还抵不过饲料。他对一个记者说："唉，这也算是对付萧条的一种办法吧！"

在此后3年的时间里，胡佛政府仍然不愿完全放弃自由市场经济的信条，期望市场能够自动调节国家经济生活。面对急剧下降的税收和不断上升的政府支出，不仅不通过降税和加大政府投入来拉动经济复苏，反而拒绝援助失业的群众，甚至按照自由市场的习惯平衡政府预算的名义，提高税率。

胡佛政府采取了一些应付危机的举措，但无法扭转经济的颓势，于是大危机过后接着出现"大萧条"。美国空前绝后的衰退创造了"大萧条"这样一个专有名词，来特指这一段不堪回首的历史时期。

美国1929年的国民生产总值是1040亿美元，1932年就只剩580亿美元了。美国生产财富的能力打了对折。

此时儿童唱起了儿歌："梅隆拉汽笛，胡佛敲起钟，华尔街发信号，美国直往地狱冲。"

大危机使公众对政府和现存制度丧失信任。1932年3月，约3000名失业工人在底特律的福特汽车厂前示威，警察在驱散游行队伍时向人群开枪，打死4人。经济危机终于导致政府使用暴力，人民流血了。

大国崛起 | 我们惟一该恐惧的只是恐惧本身

就在这个哀鸿遍野的日子里，富兰克林·罗斯福成为美国第32任总统。

1933年2月15日，还没有正式就职的罗斯福在佛罗里达的迈阿密乘敞篷车行进，一个年轻人一边大喊："快要饿死的人太多了！"一边向罗斯福的汽车开火。同车的芝加哥市长中弹身亡，4人受伤。罗斯福安然无事，但他明白，贫民用子弹向未来的总统倾诉饥饿，这意味着什么。

人民要生存，出路在哪里？

美国人举目四望，此时的世界也已是风起云涌，处于大动荡的前夜。

1933年1月，在德国，17个工业巨头联名上书总统兴登堡，将一个叫希特勒的人推上了总理宝座，他以经

【富兰克林·罗斯福】

济军事化来摆脱危机。通过大规模军事建设来消化经济危机和失业人口。

1933年，在中国，日军继攻占东三省和热河之后，大举进攻长城要隘，直逼平津。这是日本军部法西斯势力的主张，通过对外扩张转嫁经济危机。

在受经济危机伤害较小的英法等国则继续以传统的自由放任政策来渡过危机。

一枝独秀的苏联则以政府进一步全面规划社会经济生活的方式，推进第二个五年计划。

炉边谈话

在华盛顿的罗斯福广场有一个雕塑：一个平民侧着脑袋，仿佛正全心贯注地听着什么，他听的是"炉边谈话"。"炉边谈话"在今天已经成为一个新闻传播学的名词，指一种联系群众的广播方式。他的创造者是富兰克林·罗斯福总统。

1933年3月12日，也就是罗斯福总统就职后的第8天，他在白宫楼下外宾接待室的壁炉前接受美国几大广播公司的录音采访。罗斯福说：希望这次讲话亲切些，免去官场的排场，就像坐在自己的家里，双方随意交谈。

哥伦比亚广播公司的一位经理哈里·布彻说：既然如此，那就叫"炉边谈话"吧，于是就此定名。

第一次"炉边谈话"是为了拯救崩溃的银行系统，罗斯福向人们解释银行的操作，希望人们能够通过存款的方式支持政府重整银行业，并保证存款的安全。他的语言质朴而诚恳，将复杂的银行系统解释得通俗易懂，在大萧条的年代，这种家常式的谈话方式使美国人民感受到了真诚和安全，在公众中引起强烈反响。

罗斯福的语言总是那么易懂而明确，比如第三次"炉边谈话"在谈到保护劳动者的"蓝鹰计划"时，他用这样的语言警告那些不愿意加入这一计划的大企业："打仗的时候，为了进行夜袭，士兵们都在肩膀标上耀眼的标记，免得误伤自己人。根据这一原则，那么跟我们合作参加全国复兴运动的人，也要被一望而知。"

他的话赢得了人民的支持，也使观望的大企业一一加入计划。

罗斯福在此后12年的总统任期内，共做了30次"炉边谈话"，每当美国面临重大事件之时，比如参加二战等等，他都用这种方式与美国人民沟通，解释政府政策，求取人民的支持。

【1933年富兰克林·罗斯福总统就职典礼】

那么，采取哪种方式来摆脱危机？是德日法西斯的政策，还是英法自由放任经济政策，或是苏联的计划经济？

美利坚到底何去何从？

1933年3月4日，罗斯福总统宣誓就职。这一日华盛顿天色阴沉，还下起了冰雹，凄雨淋湿了黯然的首都，狂劲的阴风似乎已经冷透了这个国家。

他们要求看着这位多年在轮椅上行动的人靠腿部支架站立起来，举手宣誓。这幅场景似乎是美国现状的一个象征。人们不知道美国的辉煌能否重现？美国依靠什么才能重新站起来？

人们在向上帝祈祷，希望这个艰难站立的人不是美国最后一任总统。

哈佛大学商业学院院长说："资本主义正在经受考验，西方文明前途如何，取决于这次考验的结果。"

千万个美国家庭从收音机里听到一个陌生而富有激情的声音："我们惟一该恐惧的只是恐惧本身，一种无名的、丧失理智的、毫无根据的恐惧心理，它能把我们搞瘫痪，什么事业也办不成，使我们无法由退却转为进攻。"

罗斯福洪亮的声音通过广播网响遍了水深火热的美国大地：它传到血汗工厂和凄凉客店，传到胡佛村和流浪汉的栖身处，传到佃农们辛苦耕耘的土地，传到在工厂外寒风中打哆嗦的褴褛人群。

新总统要求人们抛弃恐惧，去创造新生活。人心的恢复和重建是一切恢复重建的基础。罗斯福的话使无数在贫困中沉沦的美国人又抬起了头颅，而他所要求的是历任美国总统不敢想像的权力。

他说："我将要求国会授予我一件惟一足以应付目前危机的武器，让我拥有足以对紧急事态发动一场大战的广泛行政权。这种授权之大，要如同我们正遭到敌军侵犯时一样。"

罗斯福的话引起了一些人的恐慌，有人说："有一点最清楚不过，这就是独裁政治快要出笼了。"

而人民却对此表示支持，45万美国人写信支持他。甚至有人表示："就是罗斯福一把火烧了国会，我们也会大声欢呼说，'好哇，火到底点着啦！'"

权力越大，压力越大。手握前所未有权力的罗斯福，也面临着前所未有的压力。有一位朋友对他说，如果成功，他将成为美国最伟大的总统，名垂千古；如果失败，他就是历史上最糟糕的总统。罗斯福回答说："如果我失败，我就是美国的末代总统了。"

他，一个新任总统的行动，就是在美国历史上写下了浓墨重彩的一笔——"新政"。

大国崛起 | 幸福的日子又来到了

其实远在竞选的时候，罗斯福已经认识到了问题的所在。

1932年9月23日夜，罗斯福面对面黄肌瘦的人民，睿智地指出："这一切都要求我们重新评价和核定原有的价值观念。……从前那些大投机商和金融寡头们只要开发或建设什么，我们就什么都给他们的日子已经一去不复返了。现在的任务不是开发自然资源，或者生产更多的商品，而是更冷静而平稳地管理好已有的资源和工厂，为剩余产品开辟国外市场，解决消费不足的问题，按照消费状况调整生产，公平地分配产品和财富，使现存的经济组织服务于人民。开明管理的政治时代已经到来！如果不能实现普遍繁荣，也就是说，如果购买力在全国人民之间得不到很合理的分配，那么这些经济单位就不能存在。"

罗斯福明白无误地告诉人们，美国资本主义已经发展到了垄断阶段，自由放任和到处是扩张机会的"伟大时代"已成为过去，现在必须由政府介入并指导创建新的经济秩序。

"政治家的任务从来就是根据社会秩序的变化和发展去重新规范这些权利。新的情况向政府和管理政府的人提出了新的要求。"他进而指出，政府必须加强干预和调节经济的职能。

罗斯福在这里首次从普遍原则的角度阐发了他关于政府职能的哲学思考——政府职能不能一成不变，而要顺应社会经济发展的需要或历史潮流作出相应的调整和改革。

他的结论来自对200多年来自由市场经济和大萧条的重新审视，充满了创新性的思维，并以此作为自己执政的理论基础。因此，这篇演讲也被人们誉为"某种意义上的'新政'宪章"，事实上这一演讲影响了此后70多年美国经济政策。

"新政"一词，其实并非罗斯福发明的，而是出自一幅漫画。还在罗斯福发表总统候选人提名演说的次日，一

家报纸发表了一幅漫画：一个疲惫的
农民倚锄仰望天空掠过的一架罗斯福
座机，机翼上标有"新政"字样，那迷
惘的表情中透着些许希望，自此，"新
政"一词就作为罗斯福施政纲领而不
胫而走。

"新政"的核心是 3 R ：改革
（Reform）、复兴（Recovery）和救济
（Relief）。用经济学的语言说就是：加
强政府对经济生活的管制；增加政府
开支，为失业者创造就业机会；为民众
提供充分的福利保障。

也就是说，"新政"就是通过国家
力量干预市场，并通过市场行为调节
经济。

那么"新政"到底是怎样施行的呢?

全面的经济大危机是从金融危机
开始的，"新政"也就从金融开始。

罗斯福一上任，立刻加强金融管
制。首先是全面管制银行。在他就职后
的第三天，罗斯福宣布全国银行"休
假"。3 月 9 日，国会通过《紧急银行
法令》，对银行采取个别审查、颁发许
可证制度。随后各家银行陆续领到政
府核发的许可证。

之后，又通过了《银行法》，成立
联邦储蓄保证公司，对5000美元以下
存款，由政府保证安全，假如银行倒
闭，政府负责偿付储户的存款，这项法
令进一步扩大了联邦政府管理货币和
信贷的权力。

【富兰克林·罗斯福故居】

然后，罗斯福对储户说，现在，"把
你们的钱存入重新开业的银行比藏在
床褥下更为保险"。

银行信用得到恢复。当时不知有
多少床垫为之撕裂，多少铁罐因之重
见天日。各地银行门前又排起长龙来
了，就像以前争先提款的情景一般，1
年内 10 亿到 20 亿美元流回了银行。

这幅景象是美国历史上从未有过
的，美国从未允许政府如此强有力调
控过金融。但这的确有效。

很快就有13500家银行（占全国总
数四分之三)复了业，交易所又重新响
起了电锣声。纽约股票价格猛涨15%。
道·琼斯的股票行情发报机传出了这
样一句诗："幸福的日子又来到了。"

金融措施稳定了局势，通畅了国
家经济的循环系统，为恢复和重建准
备了必要条件。或者说,这本身就是恢
复和重建。

今天的田纳西河上水坝相望，船
闸相连，水库如同波平浪软的大湖，把
大河合理划分。两岸田畴整齐，牧场连

天，城乡规划如局。这一场景正是罗斯福"新政"的成果。

1933年罗斯福政府成立田纳西河流域管理局，整个"新政"期间修建了31座水利工程，这条野性的河被驯服，集发电、防洪、灌溉、航运功能于一身，整个流域的工农业生产因此得到充分拉动，并成为美国最大的电力生产者。

工程提供了大量的就业机会，4.4万个就业机会。这只是罗斯福新政的一个缩景。

开建国家大工程来增加就业，本是新政策略的一个重要构成部分。

原来的田纳西河流域是美国最为贫穷落后的地区之一。1933年人均国民收入169美元，工程大见成效的10年后，这里人均国民收入提高了9倍。

不过当时人们并不知道，这里新建的电力和工业系统在二战期间为一项绝密研究提供了强大的物质支持，在田纳西河边制造的两颗超级炸弹成为人类仅有的两颗进入实战的原子弹，为二战的结束发挥了决定性影响。

田纳西河流域工程的成就充分显示了政府干预经济，对区域经济发展的巨大推动作用。

1933年5月12日美国通过《农业调整法》，6月16日通过《全国工业复兴法》。工农齐兴，这是战胜大危机的根本。

罗斯福成立复兴总署，拨款33亿美元，购买市政建设所需物资，以刺激工业复苏。

罗斯福成立工程开发总署，先后吸收了850万失业工人就业。政府通过以工代赈，兴办了3万个以上的新工程：公路、机场、桥梁、学校、医院……无所不有。这一切在解决就业问题的同时，大大加强了国家基础设施建设，拉动了内需，为未来的发展准备了有利条件。

如果您成功的话，新的和更大胆的方法将在各处试行，而我们将以您就职的那一天作为新纪元的第一页。

然而，罗斯福的"新政"并非一帆风顺。

早在1933年年底，经济形势刚有好转的时期，就已有人怀念自由市场经济。一位国会议员甚至在纪念林肯诞辰的演说中说："我已经看到一位独裁者正在成长，他已使希特勒、斯大林、墨索里尼十分妒嫉。私营企业的独立性已成往事，个人自由不过是记忆而已。"许多人为数十亿用于救济和公共工程的赤字担忧，咒骂罗斯福将资本主义拖入了"泥潭"。

最高法官们对罗斯福的某些政策下达违宪判决时，罗斯福进行了愤怒的反击，他说："一个强盗集团，一个由饱食私利和私欲的经济财阀与巨大的政治权力在保守与封闭的堑壕中结合的集团，要摧毁掉美国人民的自由。"

正在罗斯福与反对派战斗的时候，一封来自大洋彼岸的信件给予了罗斯福力量。

信里写道："您已经使您自己成为各国有志于在现行制度的框框内进行合理的实验以改正我们所面临的弊端的委托人。如果您失败了，合理的抉择将在全世界蒙受严重的损失，而听任正统力量与革命去一决雌雄。可是如果您成功的话，新的和更大胆的方法

【富兰克林·罗斯福墓地】

将在各处试行，而我们将以您就职的那一天作为新纪元的第一页。"

写信人正是著名的经济学家凯恩斯。之后，罗斯福邀请凯恩斯访美，两人交换了意见。

两人就新的经济管理方式达成了共识，从理论和实践上互为印证，为战后资本主义管理方式奠定了基础，影响深远。

"新政"期间，罗斯福政府颁布了46项经济立法，设置了35个具有经济职能的行政机构，支出350亿美元的巨款，在市场经济条件下，由国家干预经济。许多法令和机构显示出长期效用，在"新政"后保留下来，成为美国政府体系中的重要构成部分。

1929年，成为美国经济制度的分水岭。自由市场经济的弊端在1929年给美国乃至世界资本主义留下了深刻的创伤。"看不见的手"并不能取代一切，将"看不见的手"和"看得见的手"结合在一起，将市场经济与国家宏观调控结合在一起，成为世界各国管理经济、推进发展的共识。

在华盛顿罗斯福纪念馆里，存留着罗斯福当年演讲时的一句话："我们到底有没有实质的进步，不在于富的人能更富，而在于贫穷的人也能有足够的生存来源。"

1929年10月开始的经济大危机，使美国的生产力倒退到了1905年至

 史海钩沉

两个罗斯福

富兰克林·罗斯福出身纽约名门，据美国谱系学家考证，他与11位美国总统都有亲属关系，其中5位是血亲，6位是姻亲。他们是华盛顿、亚当斯父子、麦迪逊、范布伦、哈里逊祖孙、泰勒、格兰特、西奥多·罗斯福和塔夫脱。

西奥多·罗斯福和富兰克林·罗斯福，这两位美国总统不仅是远房堂兄弟，而且富兰克林·罗斯福还娶了西奥多·罗斯福的侄女。

四届总统

富兰克林·罗斯福是美国历史上惟一一位四任总统，他在第一届总统任期内的卓越表现，使他在1936年连任。1940年二战已起，世界动荡不安，美国人民出于对他的信任，打破150年的惯例，使他第三次就任总统。1944年战火正炽，处于关键时刻，更不能更换总统，于是罗斯福第四次就任总统。

在罗斯福死后，1951年美国修改宪法，明确规定此后的美国总统只能当选两次，因在任总统突然死亡而接任总统的副总统，如任期超过两年，只能再当选一次。

所以，富兰克林·罗斯福这个四届总统是空前而且绝后的，他的坚强也许是他能够战胜小儿麻痹症成为总统，并带领美国人民从经济危机、世界大战的阴影中奋战而来的关键力量。

1945年4月12日，在他发病去世前写下的最后一句话是："今日的怀疑就是明日的障碍，让我们以坚强的信心向前迈进。"

1906年的水平。经过罗斯福政府两个任期的努力，美国经济不仅度过了难关，而且各方面都发生了质的飞跃。

就在此时，欧亚大陆的战云越来越密，人类的命运再次面对挑战。而大多数美国人还在观望着已然尸横遍野的欧亚战场，为是否参战而争吵不休。

十、尾声

没有一个国家可以在当今世界上维持领先地位，除非它充分开发了它的科学技术资源。

1941年12月7日晨，珍珠港上空出现了354架日军战机，在1小时20分内，美国太平洋舰队除3艘航母外，几乎全军覆没。

美国参战。

强大的工业系统迅速进入战时状态，国家干预经济的方式在更大范围、更深领域展开。

第二次世界大战，罗斯福"新政"启动的力量得到充分展现。美国生产了6500艘军舰，近30万架飞机，86000辆坦克，350万台车辆，1200万支枪械和4700万吨炮弹。美国几乎成为整个盟军的兵工厂，法西斯与其说是被打败的，不如说是被以美国为首的全球生产力压垮的。

大战中，美国没有遭到战争破坏，而且是得到一个得天独厚的发展环境，实力急剧膨胀。到1945年，美国拥有西方世界工业总产量的60%，对外贸易的三分之一，黄金储备四分之三，成为世界最大的资本输出国和债权国。

1939年，一个消息轰动了整个科学界，德国化学家发现了核裂变。由于担心纳粹德国会抢先利用这项研究制造出威力无比的原子弹，美国立刻作出决定，成立专门的研究委员会。一场研制原子弹的竞争在美国和德国之间展开了。

1942年，研制原子弹的曼哈顿工程在美国秘密启动。这项工程调集了全国15万科技人员，动用了全国三分之一的电力，花费约22亿美元。3年后，1945年6月6日，世界上第一颗原子弹爆炸了。

原子弹充分显示了科技的非凡威力，也标志着美国将动用政府的力量进入科技领域。

在这场研制原子弹的国家竞争中，美国凭借经济的实力和人才的优势，充分发挥了国家的作用，在德国之前率先完成了原子弹的研制，为二战胜利发挥了关键作用。

1945年，美国武装部队总数为1200余万人，成为海洋统治者，数百个军事基地分布世界各地，控制远离本土的战略要点，垄断了原子弹，成为头号军事强国。几百年来以欧洲为中心的局面宣告结束。世界资本主义的重心转移到美国。

翻开地图，人们发现，美国成了二战后扩张规模最大的国家。苏联支配的最远的地区离其国境为960公里，而美国支配的最远地区离国境为11200公里。

更为人所关注的是美国此时的富有。大战中，美国没有遭到战争破坏，得到一个得天独厚的发展环境，实力急剧膨胀。到1945年，美国拥有西方世界工业总产量的60%，对外贸易的1/3，黄金储备3/4，成为世界最大的资本输出国和债权国。

【原子弹爆炸】

美国经济发展，无论是工业设备还是生产规模都已超过了其他资本主义国家，许多产品居世界领先位置，特别是以原子弹爆炸为标志，美国开始了以原子能技术、宇航技术、电子计算机为龙头的第三次科技革命，开辟了科技的新时代。

美国凭借自己的强势，开始拟订新的国际秩序，它设计出了国际货币基金组织、国际复兴开发银行和国际贸易组织。世界银行和国际货币基金组织总部都设在华盛顿，联合国总部在纽约，美国成了世界的政治、经济科技中心。

而且美国的"强"不仅在于国强，也在于民富。战后的美国一片繁荣，大萧条已经成为历史，复员的士兵发现美国如此富足，自己的亲人们热衷于种种新电器，他们的生活中开始出现电视机、自动洗碟机和垃圾处理机，生活远比30年代安逸，收入也提高了。

后来，一位美国作家如此描写道："美国人在开国时极其艰难竭蹶，而现在则非常舒适安逸，因此对其民族理想及其独特行为方式，亦应可踌躇满志。我们这样慷慨大方和殷勤好客；这样生气蓬勃，机警活跃；贫而无告的人在别国走投无路，而在我们这里则有无限前途。我们为什么不可以感到骄傲呢？"

一个人类历史上从未有过的超级大国出现在两洋之间。

一个全新形态的大国强势逼人地走上国际舞台，它将给世界带来古罗马帝国和大英帝国都不曾拥有过的影响。

但这个国家没有一刻放松过自己的脚步。

1945年，美国科学研究发展局局长的万尼瓦尔·布什向罗斯福总统提交了一份报告：《科学——无尽的前沿》。

布什亲身参加了曼哈顿工程的组织工作，对国家科技的力量有着真切感受。麻省理工学院的校长曾对布什如此赞扬道："对于科学技术的发展，美国没有任何人比万尼瓦尔·布什的影响更为巨大。在20世纪里可能不会再有能与他比肩的人了。"

布什提出：应该把科学放在国家事业的中心地位，建立一套依靠国家扶持科技、利用科技创造财富的机制。他提出"政府必须承担起促进新知识创造和培养年轻一代科学才能的责任"。

布什提出的大幅度提高科研经费，将国家科研下放给大学的建议，后来成为了美国科技政策的总基调。他还建议设立国家研究基金，推动美国创新发展。美国国家科学基金会因此在1956年成立。

1945年9月6日，日本正式投降后的第4天，美国总统杜鲁门在这份报告的基础上，向国会递交了"21点战后复兴计划"。杜鲁门向世界公开表明："没有一个国家可以在当今世界上维持领先地位，除非它充分开发了它的科学技术资源。"

美国第一次把发展高科技放在这样的战略地位来考虑。而此后，美国从未放弃过这一战略。

从1940年到1990年，美国的科研经费增涨了4000倍。2000年，美国在科学研究方面的支出超过380亿美元，高居世界首位。这些经费大部分以签订科研合同的形式，交付给各个大学和私营公司，由他们完成各项科研任务。

美国的科研活动采取多方参与的开放方式，由政府提供资金和政策，大学负责创新，企业负责产业化的转换。科学研究的成果在这样一套系统中充分发挥着潜力。

政府、大学研究机构与企业形成固定的合作伙伴关系，又叫三螺旋关系。政府起了关键作用，一边为创新提供资金和优惠政策，一边制定成果转换政策，加速科研成果产品化、产业化。这样的方式催生了世界一流的大学和公司，巩固了美国作为世界第一科技大国的地位。

【美国宇航员登陆月球】

1945年以后，带有国家强制力干预的科技项目和高科技成果在美国不断涌现：

1945年，第一颗原子弹爆炸；

1946年，世界上第一台计算机在美国问世；

1961年，美国"阿波罗"计划启动；

1969年，美国宇航员阿姆斯特朗乘坐"阿波罗11号"在月球成功登陆。

原子能技术、宇航技术、电子计算机带动了一系列产业的诞生和发展。美国的航天航空、医学、计算机、操作系统、网络等高科技技术迅速产业化，创造了无比巨大的财富。美国在20世纪开创了以高科技为代表的信息时代。

在人类的科技发展史上，除了英国在18世纪开启了以蒸汽机为代表的

113

工业革命，19世纪后期的电气时代和20世纪的信息时代都是在美国开端的。

1991年，另一份直接关系到美国科技政策的报告出现在美国总统布什面前，这份报告就是《美国国家关键技术报告》。

这份报告提出了与未来美国经济繁荣和国家安全有关的六大领域22项关键技术，并要求政府对这些关键技术给予优先扶植。这份报告的开头引用了当时美国总统布什的一句话："倘若美国打算保持和加强自己在竞争中的地位，就必须不断发展新技术，而且必须不断地学会将这些新技术更有效地变成商品。"

从这一年开始，国家关键技术委员会每两年就要向总统和国会提交一份这样的报告。这样的报告成为美国未来科技的指导方向。

2004年，美国竞争力委员会报告称：美国的技术领先地位在所有考察领域中都未受到明显的挑战，但所有领域的各国企业都在调整自己的位置以迎接新的全球化竞争，美国对在一个有更多国家具备创新能力的世界中参与竞争，尚未有充分的准备。创新能力将是获得成功的关键因素之一，创新可以为国家带来战略优势。

报告希望：美国制定"国家创新劳动力法"，建立低税费的储蓄账户，为个人终生学习提供费用。美国防部应将科技预算的20%用于长期基础研究；美专利局应改进专利审查质量，利用专利数据库来促进创新；此外，建立由大公司组成的联合制造中心，更新美国的制造技术，保持美国的技术优势。

当然，美国的强大决不仅仅意味着科技的强大，它还包括政治、经济、文化、人民生活水平、文明程度等等方面的实力。科技的确是美国战后发展的重要力量，但却不是一个能够独立支撑美国领先态势的力量。20世纪30—40年代的德国，50—60年代的苏联，都曾拥有强大的科技力量，但都不像美国这样多方位的均衡发展，持续富强。

在短短两百多年的历史中，美国从一个大西洋沿岸的狭长地带的国度成长为对人类文明影响深远的世界大国。

它是全世界最大的科技大国，最大的经济大国，最大的文化产品输出国，也是全世界惟一的超级大国。

它拥有世界上最先进的科学和技术，并创造了惊人的财富，世界各地的人们无法忽视美国所带来的影响。

有人说，20世纪是美国的世纪。

历史已经进入了21世纪，人类的又一个新千年拉开了序幕。

大国崛起 | 第十集 新国新梦

　　在美洲大陆北部，有一个飘扬着星条旗的国家，它的名字叫"美利坚合众国"，也被称作"美国"。这个国家的出现，虽然只有230年的历史，但却演绎了大国兴起的罕见奇迹。它在欧洲文明的基础上，独创性地走出了一条自己的发展道路，将世界第一经济强国的位置占据了1个多世纪。

　　然而，500年前，这片广袤辽阔的陆地却是印第安人世代生活的家园，他们挥洒着与生俱来的激情，培育了独特的风俗。直到15世纪，欧洲人发现了这片新大陆。从此，欧洲各国的移民蜂拥而至，一个个殖民地相继出现。到18世纪，英国在北美大西洋沿岸，陆续建立起13个殖民地。美利坚合众国的起源，正是从这13个英属殖民地开始的。

镜头画面：威廉斯堡

这里是美国东部弗吉尼亚州的一个小镇。今天，这座小镇已经成为反映美国殖民地时期的历史公园。走进小镇，仿佛跨越了时空隧道，教堂、学校、邮局、酒馆、商店、法院、公路，都完整保留了200多年前北美殖民地时期的景象。安详、富有秩序的威廉斯堡为我们呈现了一幅真实的历史画卷。

18世纪时，威廉斯堡是弗吉尼亚殖民地总督府的所在地，总督府象征着大英帝国的统治和权威。不过，在这里，事关殖民地生存和生活的公共事务都要在一个叫殖民地议会的机构内进行商议。议员由当地不同职业、不同领域、不同阶层的人们选举产生。殖民地议会是殖民地人们解决现实问题、实行自我管理的重要标志。议会大厦成为惟一与总督府享有同样权威的建筑。

这样的殖民地和当时其他大国在亚洲、非洲和南美洲建立的殖民地有着天然的区别。

采访：美国哈佛大学历史学教授
伯纳德·贝林

尽管英国政府是一个主权政府，享有相应的法律权利，英国的管理却是表面化的。在很大程度上，这些殖民地需要依赖于自我的管理。虽然会受到来自英国的监管，但是，他们还是相当自治的。

镜头画面：威廉斯堡
五月花号（动画特技）

北美的英属殖民地为什么会有如此特殊的地位？而这套自我管理的运行体系又是如何形成的呢？历史学家们认为，其中的渊源来自于1艘从欧洲远道而来的移民船。

1620年，100多名逃避宗教迫害的英国清教徒，乘坐1艘叫"五月花号"的船只，开始了前往美洲新大陆的航程。他们飘洋过海的目的，是要建立一个自由的宗教圣地。

采访：美国哥伦比亚大学历史学教授
埃里克·方纳

清教徒是英国国教的分裂者，他们成立了自己的教派，希望按照自己的方式实现宗教理想，而不是按照英国国教的方式。

镜头画面：签订《五月花号公约》
（动画特技）

茫茫大海上，"五月花号"的乘客在孤独的漂泊中，承受着波涛的凶险和疾病的痛苦。然而，更让人心潮难平的是，面对荒芜的新大陆，一切都是未知的。清教徒们将如何实现自己的理想，并以什么样的方式在陌生的土地上生存下去呢？

在"五月花号"即将登上北美大陆之前，船上41名成年男子在甲板上签署了一份契约，这就是《五月花号公约》。

镜头画面：马萨诸塞州　普利茅斯镇

公约规定，船上的人到达北美新大陆后，自愿结为一个民众自治团体，并制定和实施有益于团体利益的公正法律、法规、条例和宪章。全体成员保证遵守和服从。

《五月花号公约》，被历史学家确认为美国历史上第一份政治性契约文件。

采访：美国哈佛大学历史学教授
　　　伯纳德·贝林

《五月花号公约》有很重要的象征意义，因为这可能是第一次，在没有任何监管之下，一群人聚集在一起，决定要形成属于自己的社会和政治性契约，并用他们所认为的公平法律来实行自我管理。

**镜头画面：海水　"五月花号"复制船
　　　　　　普利茅斯石**

1620年11月21日，经过66天的航行，承载着欧洲文明而来的"五月花号"到达了马萨诸塞州的普利茅斯。船上的102名清教徒依照承诺，组成了普利茅斯殖民地自治团体。

今天，"五月花号"复制船静静地停泊在普利茅斯港湾，距它不远处，有一块刻着1620字样的石头，据史学家考证，这块石头是清教徒首次登上北美大陆的标志。

**镜头画面：北美殖民地
　　　　　　13个殖民地(地图动画特技)**

除了一批批怀揣好奇与梦想的清教徒，陆续来到北美大陆的，还有许多来自其他欧洲国家不同阶层、不同信仰的冒险者和从非洲贩卖来的黑人奴隶。新大陆渐渐地热闹起来。在北美阿巴拉契亚山脉东侧的大西洋沿岸，相继出现了属于大英帝国的13个殖民地。

采访：中国社会科学院美国研究所
　　　原所长　资中筠

他们在理论上，他还是英国的子民，还是承认英皇统治的，可是实际上他们要有什么事情，天高皇帝远，真正的天高皇帝远，谁也管不了他们，所以他们必须自己组织起来，就是自己互相帮助，慢慢形成一套管理的方式。

采访：美国哈佛大学历史学教授
　　　伯纳德·贝林

在美国早期历史的前两个世纪中，

（殖民地）自治一直存在，并且形成了一种不会出现在拉丁美洲的政治局面。在拉丁美洲，受西班牙和葡萄牙统治的美洲人，在这方面的情况非常不同，他们享有的自治很少。但是，英国人却不一样。其中一部分原因在于，英国人比较重视对于商业的控制，而不是对于领地的严格监管，这使得（北美殖民地）能够在英国一定程度的控制之下，同时形成自己的政府。虽然有一些法律必须经英国同意，他们还要遵守英王的某些规定，但是，总体来说，他们在很大程度上可以实行自治，尤其在一些重要的方面，比如税收。

镜头画面：威廉斯堡

自治使个人参与管理社会，对公共事务发表意见，享有独立的权利。

走在威廉斯堡的大街上，人们可以尽情想象两百多年前殖民地自治时期的生活景象。但是，新大陆上的生活，为什么没有在这种田园牧歌式的氛围中延续下去呢？是什么改变了这片新大陆的命运并最终在这里诞生出一个世界大国？

镜头画面：英法7年战争模拟影像

18世纪中叶，大英帝国进入扩张时期，他们先是打败了西班牙，又在北美与法国进行了7年的战争。连绵不断的战争，使大英帝国的财政入不敷出，

于是决定在北美殖民地增加税收，以化解财政危机。

采访：美国宾夕法尼亚州印第安纳大学历史学教授　王希

英国人从1763年一直到1773年、1774年，在差不多有10年的时间，每年变换着不同的花样向殖民地征税。那么在征税的过程当中，尤其是1765年开始征收印花税，殖民地对印花税非常反感。

采访：美国布朗大学历史学教授杰克·格林

向北美殖民地征收的印花税是由英国议会通过的，而英国议会中并没有殖民地的代表，这就背离了《五月花号公约》中最根本的原则。

镜头画面：印花税章　殖民地议会

当大英帝国自行决定增加税赋之后，殖民地抗税事件屡屡发生，矛盾开始激化，大量英军被派驻到新大陆，他们可以随意选择驻地，甚至私闯民宅，贸易被切断，殖民地议会也受到了限制。

北美英属殖民地长期以来形成的社会运行传统受到空前挑战，新大陆人在何去何从的选择面前，彰显出捍卫理想、反抗压迫的斗争性格。

今天,在威廉斯堡,来自世界各地的游客都能够聆听到当年殖民地人民争取独立的声音。

美国国家开创者帕特里克·亨利的演讲(模拟)

先生,如果能够善用自然之神赐予的力量,我们将丝毫不弱于敌人。我们有 300 万为神圣自由而武装起来的民众,我们有幅员辽阔的国土,无论敌人派遣什么样的军队,我们都是不可战胜的。

镜头画面:列克星顿镇

1775 年 4 月 19 日,新大陆东北部的一声枪响,划破了纯静的天空,改变了这片大陆的历史航道。这天,一支英国军队与北美殖民地马萨诸塞州列克星顿镇的民兵发生冲突,枪声让这场冲突上升为战争,史称"美国独立战争"。

镜头画面:费城 《独立宣言》起草地《独立宣言》(动画特技)

1776 年 7 月 4 日,13 个英属殖民地联合签署了《独立宣言》,宣布脱离大英帝国的统治,组成美利坚合众国。这一天,被确立为美国的独立日。《独立宣言》称:"人人生而平等,造物主赋予他们一些不可剥夺的权利,其中包括生命权、自由权和追求幸福的权利。"

在那个距今 200 多年前的时代里,殖民地联合起来挑战宗主国是破天荒的大事,宣布独立的北美 13 个英属殖民地,在欧洲的法兰西等国家的支持下,与大英帝国的战争一直艰苦地打了 8 年,才最终赢得了独立。

镜头画面:18 世纪后期的世界格局(动画特技)

新大陆诞生了新国家。这个新国家诞生在一个怎样的世界中呢?

18 世纪后期的世界霸主英国,正在掀起第一次工业革命的时代潮流。依靠君主权威创造繁荣的法兰西,开始酝酿着大革命的危机。德国则依然陷入四分五裂的痛苦之中。俄罗斯经历了由沙皇主导的君主改革,开始强大起来。中国人,正在享受以康乾盛世为标志的国家繁荣。

镜头画面:费城独立公园

北美大陆上出现的这个新国家,在当时的世界舞台上似乎是微不足道的。在独立前的 100 多年里,这 13 个英属殖民地的经济一直依附于大英帝国,无论是北部的工商业、中部的农业还是南部的种植业,都是在英国自由贸易的商业体系下发展起来的。离开了英国的扶持,这个经历战火的新国家将怎样生存下去?

严峻的挑战还不仅仅来自于经济领域。独立之后的美利坚合众国,在政权方面只设有国会,没有总统,没有最高法院,而国会本身也没有实际的执行权力。独立后的13个州实际上只是一个非常松散的联盟。

采访:美国乔治·梅森纪念馆馆长
大卫·瑞斯

一个残酷的现实是:他们不能进行贸易,没有统一的货币,无法制定外交政策,简直就是一场灾难。

镜头画面:费城华盛顿雕塑

战争换来的独立,并没有实现国家的稳定和繁荣。曾经担任大陆军总司令的乔治·华盛顿不得不向人们发出警告:"要么我们在一个领导之下成立联邦而结合为一个国家,要么我们就保持13个独立的主权国家,永远互相争吵。"

镜头画面:费城独立厅

于是,在宣布独立11年后的1787年,来自各州的代表终于在费城坐在了一起。这间只有100多平方米的独立厅,曾经签署过著名的《独立宣言》,如今,代表们要在这里协商新国家的未来。美国历史上有名的制宪会议开始了。

采访:美国耶鲁大学法学教授
布鲁斯·阿克曼

在1787年宪法中,关于成立国家政府的一个基本观点是:如果我们不联合起来,就会被欧洲列强所摧毁。我们需要一个中央政府。

**镜头画面:美国国家档案馆油画
制宪会议**

参加制宪会议的55名代表几乎包括了所有的开国元勋,其中大部分人受过大学教育,他们中有农场主、商人、律师和银行家,乔治·华盛顿被选举为制宪会议主席。

镜头画面:华盛顿雕塑

8年的独立战争为华盛顿赢得了巨大的荣誉和威望。在人们的心目中,他已经成为这个新国家的象征。战争结束后,华盛顿坚决地辞去了大陆军总司令的职位,并拒绝了一些军官希望拥立他做国王的建议。

采访:美国普林斯顿大学历史学教授
约翰·默瑞

其中有一个人,好像出生在意大利,他寄给华盛顿一封信,表达了这样的想法。华盛顿的回复很有讽刺意味,他说,再也没有什么建议比让我成为国王，更令我觉得受到冒犯和谴责。每个人都知道，这个国家最重要的人物就是华盛顿，如果他不做国王，就不可能有国王。

镜头画面：华盛顿故居　弗农山庄

华盛顿谢绝了所有的邀请，返回弗农山庄修剪花园，打理农庄，像从前一样过着农场主的生活。不愿当国王的华盛顿，不经意间为这个新国家预留下了一个非常广阔的发展空间，这一举动，也使他赢得了更多人的尊重。

镜头画面：费城独立厅　华盛顿雕塑

在华盛顿的主持下，制宪会议一共开了116天，这也是美国历史上最长的一次会议。来自各州的代表们对如何建立一个有权威的联邦政府、同时又能充分保障个人自由这一难题进行了激烈的争执和辩论。

面对代表们的唇枪舌剑，制宪会议主席华盛顿却几乎一言不发，因为他不希望由于自己的权威而影响到任何一方表达观点。但是，只要他的身影还继续在会场上出现，谈判就不会轻易终止。华盛顿的沉默和坚持成为一种无形的力量。

1787年9月17日，美国第一部成文宪法最终形成。

采访：美国费城宪法中心历史学家　斯蒂夫·弗兰克

我觉得任何一部成功的宪法必须要代表人民合理的愿望。我不认为美国人会觉得世界上只有一种成功的宪法模式。君主立宪制适用于英国，总统制适用于美国。重要的是，政体的形式必须能够体现遵从宪法规定的人们的真实愿望。

镜头画面：美国国家档案馆　联邦宪法（动画特技）

在宪法的确认和保障下，国家主权由州政府转移到联邦政府；同时，宪法规定由各州保留的自治权利，联邦政府不得干涉。1789年4月，华盛顿正式就任美国第一任总统。

联邦宪法的制定和实施，使一个真正意义上的美国诞生了。

也有人将这部宪法称为经济宪法，因为在宪法中界定了个人、州政府和联邦政府在经济运行中的分工，为美国的经济发展提供了法律的保障。

采访：美国斯坦福大学胡佛研究所高级研究员　巴罗·温格斯特

宪法对美国的经济发展非常重要，它把美国从一个殖民地，从受制于英国商业限制的经济体制，转变成一个可以保持经济长期发展的体制。在（原来的）《邦联条例》之下，州与州之间会产生贸易壁垒。这意味着，货物在州与州之间的流动会受到限制，从而影响公共市场的形成。而国家政府的一个重要特征是，它提供了一个公共市场。

镜头画面：纽约华尔街　爱丽丝移民博物馆　纺织机　人群

从此，这个新国家不仅有了统一的政府，还有了统一的市场，统一的货币，统一的税收。在经济的运行上，则直接采用了英国的自由主义经济模式。为了改变当时美国经济明显落后于欧洲的状况，美国的联邦政府还从欧洲搬来了金融和财政制度，1791年2月，美国第一家全国性银行诞生，类似欧洲的证券市场、交易所和股份公司开始出现，并通过股份公司的筹资来修建起公路、运河和桥梁等基础设施。

这一时期，大量移民带着欧洲工业化进程的成果来到了美国。1789年，一个叫塞缪尔·施莱特的英国技术工人，不顾英国的禁令，偷渡到了美国，他靠自己的记忆复制出当时最先进的纺纱机，并创办了美国第一家近代棉纺织厂。不久，他的工厂发展为12家企业。由此美国早期的工业革命拉开了序幕。

在此后的60多年时间里，美国由独立时的近300万人口，增加到了3000多万。爆炸式的移民增长，不仅在短时间内为开垦荒地提供了劳动力，也促成了跨越式的科学和技术引进。

采访：中国社会科学院美国研究所
原所长　资中筠

欧洲发展到这个时期，美国拿过这个接力棒来，然后在一个得天独厚的这样一块大陆上头，相对说来没有历史包袱，然后这样发展起来。

镜头画面：现代美国　国会大厦

拿过接力棒的美国，虽然工业革命起步稍晚，但其速度和力度却超过了欧洲。到1860年前后，美国的经济发展水平已超过大多数欧洲国家。不过，直到这一时期，联邦政府的权力依然还很脆弱。就在美国宪法诞生70年之后，制宪会议上一个悬而未决的问题，险些肢解了这个国家。这一危机，使联邦政府面临了一次巨大的考验。

镜头画面：美国南部

"我希望站在满是棉花的土地上，古老的时光难以忘怀。看吧看吧，尽情地看吧，迪克西的土地是我出生的地方……"

这是一首在美国非常流行的南方歌曲，歌名叫《迪克西的土地》。

《迪克西的土地》，歌颂的是美国的南部，这里土地肥沃、物产丰富，盛产有"白色黄金"之称的棉花。

镜头画面：南北战争博物馆

在棉花丛中劳作的是那些从非洲贩来的黑人。黑白分明的劳动景象折射出美国政治的奇异之处。当时北方各州以发展工商业为主，实行的是自由资本主义制度，而南方各州却以种植业为主，保留了由农场主控制的黑人奴隶制度。南方的制度不仅与新大陆上人人平等的立国理念格格不入，而且阻碍了劳动力的自由流动，制约了国家工业化的进程。

那么，奴隶制为什么会在制宪会议上被保留下来呢？

采访：美国布朗大学历史学教授杰克·格林

（当时）没有人触动奴隶制，人们知道如果废除奴隶制，很多州就不会承认联邦政府。所以，美国是一个自由和奴隶并存的联邦，美国不仅保护了自由，也保护了奴隶制。

镜头画面：林肯　南北分裂示意图（动画特技）

1860年11月6日，反对奴隶制的亚伯拉罕·林肯在总统选举中获胜。南方部分州立刻强烈要求退出联邦国家，1861年，南方七个州宣布脱离联邦。刚刚成立84年的美利坚合众国走到了国家分裂的边缘。支持废除奴隶制的北方各州，与坚持蓄奴并脱离联邦的南方各州之间，爆发了一场历时4年的南北战争。

采访：美国普林斯顿大学历史学教授詹姆斯·麦佛森

如果这个国家可以分裂为两个，就可以分裂成3个、4个、6个、12个，林肯政府发动战争的理由是，南方违背了国家的统一，违背了宪法和多数人统治的原则。

镜头画面：华盛顿纪念碑　林肯纪念堂

在美国首都华盛顿，林肯纪念堂和华盛顿纪念碑遥遥相望。有人说，是华盛顿创立了美国，是林肯拯救了美国。在美国历史上唯一的这次内战中，拥有经济和人口的优势，更拥有道义和价值观优势的北方取得了胜利。林肯解放了黑奴，也维护了国家的统一。

而南北战争对于美国日后成为一个世界大国的意义还不止于此。

采访：美国普林斯顿大学历史学教授詹姆斯·麦佛森

内战之后，美国成为了单一的、联

合的、强大的国家,这奠定了美国在20世纪成为世界第一强国的基础。如果美国在19世纪60年代的时候,分裂成了两个或者更多的国家,或者北方没有赢得胜利,这是根本不可能实现的。所以,这场战争对美国的未来产生了深远的影响。

采访:美国宾夕法尼亚州印第安纳大学历史学教授 王希

那么,这个内战的意义呢?我觉得首先使美国原来宪政机制中分裂的主权得到了统一。它为美国大工业化的发展,准备了条件。这个是一个先行,如果说,主权得不到统一,领土不能够得到统一,或者劳动力体制得不到统一的话,我觉得它后面的大工业化还会推迟,或者不会产生这么大的效果。

镜头画面:华盛顿纪念碑

很多美国历史学者认为,南北战争是美国历史上的一道分水岭。联邦政府从此变得强大起来,美国的农业、工业以及整个国家都发生了重要的转变。

镜头画面:《宅地法》(动画特技)
　　　　　　西进示意图(动画特技)

1862年,就在南北战争期间,美国总统林肯签署了著名的《宅地法》,

法案规定:成年美国公民只需交纳10美元的登记费,就可在西部获得160英亩的土地,耕种五年后就能够拥有这片土地的产权。这项法律,点燃了美国人到西部去创造未来的巨大热情。此后,成千上万的美国人以及来自各地的移民,开始大规模地进入这片区域,开辟这里的土地。

已经推行了半个多世纪的西进运动,在政府强有力的推动下,出现了一个新的高潮,从而使美国的发展从东部沿海的狭长地带向更广阔的西部腹地延伸。

镜头画面:美国西部

许多人对美国西部的了解,是由一个个穿行在高山、峡谷、荒漠的牛仔们的故事开始的。事实上,西部牛仔的浪漫和冒险并不能够涵盖西进运动的全部。那是一段历时近一个世纪、漫长而艰险的历程。到达西部的人们面对的是一无所有的荒漠。他们必须在这里学会生存,而且要一代代地生存下去。

采访:美国布朗大学历史学教授杰克·格林

(西进)鼓励了冒险的精神,它为爱冒险的人提供了机会,为不爱冒险的人提供了创造新生活的可能,因为人们可以在属于自己的地方安顿下来,西进为美国社会的稳定、繁荣,提供了安全保障。

镜头画面:西进影像　美国农业

西进运动毫无疑问是美国历史上充满开拓、勇气与冒险精神的一页,很多历史学家认为,正是它,塑造了通过自我奋斗、实现个人梦想的美国精神。

采访:美国布朗大学历史学教授
杰克·格林

你也可以把西进运动看作是一次殖民的过程,就像当年(英国人来到美洲大陆)一样,对原住民产生了同样的影响,原住民的土地被剥夺,他们被赶到没人愿意居住的地方,被赶到保留区。

19 世纪末,经过开垦和耕种的大草原变成了沃土桑田,曾经荒芜人烟的西部成为美国乃至世界的重要粮仓。

就在同一时期,美国的工业也正经历着革命性的飞跃。

镜头画面:爱迪生市　门罗公园原址

这是一座用人名来命名的城市,它叫爱迪生市。今天这个城市平静而又安详,19 世纪 70 年代末,著名的发明家爱迪生正是在这里开创了一个时代。

在这个新的时代里,电力逐渐取代蒸汽动力,成为经济发展的新能源,给美国的经济发展带来了强劲的动力。由电力使用引发的一系列技术革命,被称为第二次工业革命。

采访:美国新泽西州爱迪生市门罗公园博物馆馆长　杰克·史丹利

有人问,爱迪生先生,你是如何看待电的?爱迪生说,今晚,美国总统正在我的灯下阅读,医院正在电灯的照亮下进行手术,全世界有数百万的人在电灯下读书和生活,这非常重要。爱迪生就是这样想的,他为此而自豪。

镜头画面:爱迪生

让这位发明家引以为豪的还不止于此。据1922年美国国会统计,爱迪生使美国政府在50年内的税收增加了15亿美元。而1928年的一项调查则显示,全世界的资本用在与爱迪生发明有关的事业上的数目达到157.25亿美元。

镜头画面:美国专利商标局

爱迪生一生中共有1000多项发明,白炽灯只是其中之一。这些发明改变了人们的生活,并成为创造财富的源泉。而爱迪生本人也只是当时美国众多发明家中的一员,19世纪后半叶,各种各样的发明如雨后春笋般出现在美国。

仅1865年至1900年，被正式批准登记的发明专利就达到了64万多种。依靠强大的科技实力，美国很快在第二次工业革命中独占鳌头。

究竟是什么原因，使美国从照搬欧洲技术的学生，成长为一个有自主创新能力的国家？

采访：美国加利福尼亚州伯克利大学经济学教授　钱颖一

在美国出现这么多个人奋斗成功的企业家，不仅是企业家，也是各个行业的出类拔萃的人，不是偶然现象。它是有一系列的文化和制度的环境。

镜头画面：美国商务部

这里是距离华盛顿纪念碑两百多米的美国商务部，1802年，美国就是在这里成立了国家专利局，如今在美国商务部的大门口上还刻有林肯总统的一句话："专利制度就是将利益的燃料添加到天才之火上。"

镜头画面：美国宪法
**　　　　美国专利商标局**

在1787年的制宪会议上，制宪代表们对事关美国政府在未来的公共政策进行了一系列激烈的辩论，然而，在通过第一条第八款时，代表们的意见却空前一致，它的内容是："为促进科学和实用技艺的普及，对作家和发明家的著作和发明，在一定期限内给予专利权的保障。"对于专利的保护，在16世纪的英国就已经开始，但是，美国人第一次把专利权写入了宪法，用国家的根本大法来保护发明创造。

早期的专利都是由华盛顿总统亲自签发生效的，《独立宣言》的起草者、美国第三任总统托马斯·杰弗逊曾经作为首任国务卿，成为美国第一名专利审查员。

联邦政府用专利制度保护了发明人的权益，同时也保护和激发了整个社会的创造热情。

采访：美国专利商标局公共事务办公室主任　理查德·莫斯比

知识产权，是大脑的产品，是一份无尽的资源。我们对这项资源的开发利用，与我们为那些伟大的发明家们所提供的知识产权保护是息息相关的。这也是美国能够在历史上，包括在21世纪的今天，取得世界经济强国地位的关键原因。

镜头画面：19世纪末美国
**　　　　世界格局（动画特技）**

随着中央政府的力量日渐强大，

美国经济在一套比较成熟的制度体系的保障下，实现了跳跃式发展。在以电气化为标志的第二次工业革命中，这个新兴的工业国家以重大科技发明为基础，在 19 世纪末迅速赶上并超过了在过去两个世纪里一直走在前面的欧洲强国。

此时，世界大国争霸的格局正在悄然发生变化。在欧洲，统一不久的德国超越英国和法国，成为欧洲首强；在亚洲，经历了 20 多年明治维新的日本，开始雄心勃勃地登上世界舞台。

而在美洲，一个新的大国正在成长中。

通过战争吞并和购买的方式，美国的领土已比建国时扩张了 10 倍，成为拥有 45 个州、7000 多万人口的名副其实的大国。

1894 年，美国的工业总产值跃居各大国之首，成为世界第一经济强国。这一年，距离这个新国家的诞生仅仅 118 年，距离这片新大陆被发现也才 400 年。400 年来，它从欧洲汲取营养，发展自己；118 年来，它创造了自己的发展模式。

历史走到了又一个世纪之交的节点上。在进入 20 世纪以后，这个年轻的国家，将如何选择自己的前进方向，又将在世界舞台上扮演什么样的角色呢？

（本集编导：李成才　刘　颖）

大国崛起 | 第十一集
危局新政

1900年，20世纪的大幕拉开了。

这一年，当时的世界大国们在东方进行了一次很不光彩的集体亮相。由英国、法国、德国、美国、日本、俄国等国家组成的八国联军，侵入了古老中国的首都——北京。

这一年，还是这些大国们，在法国巴黎的世界博览会上也有一次集体亮相，来自世界各地的数千万人参观了大国们展示的工业实力和创造发明。

美国人爱迪生发明的白炽灯，将博览会的展馆照得通明透亮。人们或许还没有意识到，从19世纪末期开始，美国已经率先站在了电气时代的潮头。

这一年，走向工业化的西欧、北美和仍然处于农业社会的绝大多数国家，共同迎来了一个新的世纪。这是一个在飞速发展中动荡不安的世纪，也是一个新老大国交相演出的世纪。

在这个新的世纪里，美国的辉煌如同它在巴黎点亮的夺目之光一样，开始覆盖其他大国。但就在辉煌的同时，美国经济社会的运行也遭遇了前所未有的重大危机。

镜头画面：总统山

在美国中部的南达科他州，有一座摩崖石刻人物雕像，人们称它为总统山。70多年前，美国人选择了4位著名的总统作为本国的象征：创建国家的领袖乔治·华盛顿、起草了《独立宣言》的托马斯·杰弗逊、解放了黑奴的亚伯拉罕·林肯，还有20世纪的第一任美国总统——西奥多·罗斯福。

镜头画面：白宫 西奥多·罗斯福

自从1894年成为世界第一经济强国之后，美国的经济一直保持着持续高速的发展。在这样的时期做总统，或许应该是一件爽快轻松的事情。但西奥多·罗斯福却从上任的第二年开始，实施了一系列政府监管经济的措施，这在一贯倡导自由竞争的美国历史上还从未有过。而且，政府监管的矛头首先指向的是垄断性的大公司和大财团。

采访：美国哈佛大学经济学教授
罗伯特·巴罗

西奥多·罗斯福尤其限制了托拉斯的发展趋势，打击了托拉斯。他是现代反托拉斯立法的先行者。

镜头画面：美国国会大厦

数年间，美国的几十家托拉斯先后被起诉，其中部分企业被迫拆解。美国最先形成的托拉斯集团——标准石油公司更是首当其冲。西奥多·罗斯福总统为什么要这样做呢？这又将给美国的发展带来什么呢？

镜头画面：洛克菲勒故居

约翰·洛克菲勒出生于纽约州西部一个农场，16岁时当上了会计，由于向老板提出的加薪要求没有得到满足，他愤而辞职，创办了一家商行。

当美国东北部的宾夕法尼亚州发现了石油之后，敏锐的洛克菲勒很快看准了炼油业的前途。1870年，他创建了标准石油公司。1879年，标准石油托拉斯诞生。从标准石油公司的创立到遍及全美的石油工业大托拉斯的形成，洛克菲勒仅仅用了10年的时间。

采访：美国洛克菲勒档案中心历史
学家 肯尼斯·罗斯

标准石油公司的市场规模很大，它的单位成本，以每加仑计量的单位成本相对较低，所以具有竞争优势。由于采购量很大，标准石油公司还能够控制石油生产商，决定采购价格。而在与运输石油的铁路公司打交道时，标准石油公司由于可以保证其他竞争对手无法达到的运输量，因此能够和铁路公司讨价还价，拿到它愿意支付的运费标准。

镜头画面:洛克菲勒演讲词　现代美国

在相继完成对炼油区、运输线和产油地的三步控制之后，洛克菲勒雄心勃勃地向垄断全美石油工业的霸主地位挺进。他说："当红色的蔷薇含苞待放时，唯有剪去四周的枝叶，才能在日后一枝独秀，绽放成艳丽的花朵。"

洛克菲勒的石油托拉斯连续吞并了美国近百家石油企业。到1890年，这位石油大王已经掌握了全美90%的石油提炼。

采访：美国阿利根尼大学历史学教授
保拉·苏科勒

美国政府对大公司的行为，睁一只眼，闭一只眼，允许他们越来越大。因为政府觉得这样做，对于公司是有利的，对于国家是有利的。

镜头画面：现代美国

美国在建国后的100多年中，一直奉行由英国传承而来的私有经济和自由竞争，也就是由市场规律这只看不见的手左右经济运行，任由企业自由发展、优胜劣汰，而政府并不对经济生活加以干预。优势企业通过联合、并购、重组等手段，可以同时控制生产、市场和价格，以追逐高额、稳定的利润。

19世纪末，像标准石油公司这样富可敌国的大企业和大财团，在各个行业纷纷出现。人们把他们叫作钢铁大王、石油大王、牛肉大王、电讯大王、铁路大王、金融大王。当时，美国铁路总利润的85%被7个垄断集团控制，钢铁产量的65%由摩根钢铁公司掌握。国家财富的60%掌握在占美国人口2%的富人手中。

采访：美国加利福尼亚州伯克利大学
经济学教授　钱颖一

19世纪的后半期，美国的经济，政府的干预和监管比较少，但是，那个时候也正是美国高速发展的时期，所谓高速发展，就是它的GDP的增长速度非常之快，也正是那个时期，美国开始超过英国成为世界第一大经济强国。恰恰是在那个时期，很多的矛盾暴露出来，比如竞争的无序、垄断，以及欺诈、腐败等等。

镜头画面：白宫

这就是西奥多·罗斯福就职时面临的现实。在垄断经济资源的托拉斯给美国带来繁荣风光的背后，是日益扩大的社会矛盾和危机。

镜头画面：19世纪末20世纪初的美国
匹兹堡工人
纽约三角衬衫厂大火

宾夕法尼亚州的匹兹堡，曾经是

美国的钢铁之城。很长一段时期，匹兹堡的繁荣是通过空气中灰尘的浓度来衡量的。

繁荣的背后，美国社会出现了严重的两极分化和各种罪恶。

当时，美国是工业化国家中工伤致死率最高的国家。工人们每周工作6天，每天工作12到16小时，每天的工钱只有两美元。这样的生活连孩子也不能幸免，美国大约有两百万名童工加入到劳工的队伍中，最小的只有4岁。

然而，与辛苦劳作相伴随的，却是矿难、火灾的不断发生。纽约曼哈顿一家服装厂发生火灾时，平日为限制工人外出而紧锁的工厂大门，挡住了工人们逃生的唯一希望，最后造成146名工人死亡。

采访：中国社会科学院美国研究所原所长　资中筠

在资本主义发展到一定程度的时候，各种各样的坏事都出来了，而且工人的劳动条件非常不好，矿难不断发生，特别是像煤矿爆炸这一类的事情，还有油田的工作条件非常糟糕。美国城市各种各样的弊病就出来了。

镜头画面：19世纪末20世纪初的美国

自由市场经济如同没有笼头的野马一样狂奔了1个世纪之后，灾难开始出现了。垄断的形成是自由竞争的结果。它在聚拢大量经济资源的同时，也造成了尖锐的社会问题。它损害了工人利益和社会公平，也阻碍了中小企业的自由发展。一大批中小企业由于无法在垄断企业的阴影下生存，纷纷破产倒闭，城市贫困人口大量增加。

尽管美国在此之前已经出台了世界上第一部反垄断法——《谢尔曼反托拉斯法》，但是，这部法律自颁布以来，一直没有依据它判定过任何案例。

采访：美国阿利根尼大学历史学教授保拉·苏科勒

19世纪末期，一批以中产阶级为主的美国人开始思考，如何使大多数美国人从国家高速增长的工业化进程中获益？他们希望能够改善政府管理，消除城市腐败，为工人谋求福利而不是仅仅对他们进行管理。

镜头画面：19世纪末20世纪初的美国报刊　杂志印刷

一些抨击企业垄断、财政腐败、食品掺假的文章陆续出现，消除社会丑恶现象、建立合理的市场秩序的努力，在20世纪初逐渐形成了一股热忱的社会运动。这场运动一直持续到20世纪的20年代，被历史学家们称为美国的"进步运动"。

镜头画面：阿利根尼大学
塔贝尔的照片
《标准石油公司的历史》

阿利根尼大学位于宾夕法尼亚州的西北部，是进步运动时期著名的记者埃达·塔贝尔的母校。这所学校完整地保存着关于塔贝尔的资料。

塔贝尔自幼生长在宾夕法尼亚州的炼油区，父亲是炼油区的一个小生产商。当石油大王洛克菲勒打击竞争对手的时候，塔贝尔亲眼目睹了她的父亲和其他的小生产商们如何遭受排挤，最终倾家荡产，被赶出了这个行业。

此后，塔贝尔开始调查和揭露那些掩藏在财富背后的社会黑幕。她连续两年发表了长篇系列报道《标准石油公司的历史》，详细描述了这位石油大亨怎样依靠残酷的手段积累财富、建立起垄断帝国。这个系列报道后来被编订成书，在美国畅销一时。

在进步运动时期，像塔贝尔这样揭露社会弊端的人士又被称作"扒粪者"。

采访：中国社会科学院美国研究所
原所长　资中筠

扒粪者就是要把这些臭不可闻的事情扒出来，让它晒晒太阳，见见天日。等于说，当时的新闻专门揭丑，把当时最暗无天日的事情揭露出来曝光。

镜头画面：塔贝尔
进步运动时期的美国

塔贝尔向强大的石油帝国发起的挑战引起了社会的广泛共鸣。一时间，一大批进步人士纷纷通过报纸、电影、广播乃至漫画，向美国政府和美国社会提出了同一个疑问：我们到底需要什么样的经济发展和社会进步？

西奥多·罗斯福：

我们是维护自由的政府，没有人在它之上，也没有人在它之下，我们必须根据每个人的价值，（公正地）对待它。

镜头画面：西奥多·罗斯福雕塑

上任不久的西奥多·罗斯福总统，不得不面对这些疑问。来自经济领域的尖锐矛盾和进步人士的质疑，意味着社会对政府的角色提出了新的挑战。面对强大的社会压力，西奥多·罗斯福接纳了进步运动。他把自己视为社会公民的管家，开始向垄断资本开战了。

采访：美国阿利根尼大学历史学教授
保拉·苏科勒

西奥多·罗斯福总统是被迫整顿经济的，他一开始并不愿意这么做，但公众的压力太大了，他不得不采取行动。总统宣布，标准石油公司要为此付出代价。标准石油公司是其他垄断者的榜样，所以，政府在 1911 年开始拿标准石油公司开刀了。

镜头画面：美孚石油　洛克菲勒

1911 年，美国最高法院判定标准石油公司垄断违法，妨碍了自由竞争，并下令解散标准石油公司。这个曾经辉煌一时石油帝国被迫拆分成若干个小公司。今天的埃克森石油公司、美孚石油公司都是由当年标准石油公司拆分后的小公司发展而来的。

石油大王洛克菲勒不明白：为什么自己会受到这样的打击？在当时的条件下，洛克菲勒也许真的不清楚自己辛辛苦苦才经营壮大的标准石油公司，到底给社会带来怎样的伤害？

**采访：美国加利福尼亚州伯克利大学
经济学教授　钱颖一**

垄断非常不能被人接受，就是破坏了机会的平等。因为一个垄断企业在市场中，因为它已经进入了这种优势，占据了一个非常有利的强势地位，这样就隐含地排除了很多人想进入这个领域的权利。因此，在这一点上来讲，机会的平等大大降低。所以，这让人们感到非常不可接受。特别是在美国，自由的选择以及平等的机会，被认为是至高无上的，哪怕牺牲一些效率，也要保证机会平等。

镜头画面：西奥多·罗斯福　白宫

从西奥多·罗斯福任职开始，美国政府先后对 40 多家公司提起诉讼。牛肉托拉斯、石油托拉斯和烟草托拉斯在司法部的起诉之下被迫解散。政府通过宪法对垄断进行限制的原则也由此被确立起来。西奥多·罗斯福设立了公司管理局，专门处理反托拉斯诉讼。此后，反托拉斯的行动被正式纳入到美国政府制度化的长久政策之中。

在解决垄断问题的同时，西奥多·罗斯福也在着手解决劳资矛盾。他甚至把劳资双方请到了白宫来商议，在美国历史上这还是第一次。同时，一些州政府也陆续出台了旨在保护工人权益的法律条文，明确了工伤赔偿标准和工人的劳动时间。有的州政府，还对与公众生活相关的企业进行管制，建立了公开的听证会制度。

镜头画面：第一次世界大战

就在美国政府对经济生活的管理见出成效的时候，国际舞台也给美国的经济发展带来了机遇。1914 年，人类历史上的第一次世界大战爆发了。来自欧洲的军火和钢铁方面的订单使美国的工业生产更加活跃起来。美国由战前的债务国变成了欧洲的债权国，拥有了世界 40% 的财富。在这次战争中，美国和英国、法国等国家一道成为了战胜国。

1919 年，美国总统伍德罗·威尔逊怀揣着处理战后事宜的计划登上了欧洲大陆，他希望能够主宰在巴黎召开的和平会议。然而，其他战胜国拒绝了威尔逊的基本设想，美国试图构建战后国际秩序的努力无果而终。

不过，美国进退自如的政治地理优势却再次显现。它重新把重点放回到美洲大陆，专心打理自己的事务。

镜头画面：20 世纪初的美国

20 世纪初期，在美国和进步运动同时展开的，还有一个又一个的科技发明和体制创新。

1903 年，莱特兄弟制造了 4 缸 12 马力的汽油发动机飞机。人类历史上第一架动力飞机诞生了。

1913 年，美国政府主导的巴拿马运河正式凿通，两大水域之间的最后屏障随着一声爆炸而土崩瓦解，大西洋和太平洋从此联为一体。

1927 年，美国影片《爵士歌手》第一次成功使用了电影技术的新系统，电影产业开始进入有声时代。

镜头画面：福特式生产方式

在这期间，美国人在工业领域最富革命性的创造，是"福特式生产方式"的出现。

福特在年轻的时候，就是一个远近闻名的聪明技师。当工人们在固定的架子上装配整车的时候，一旁观看的亨利·福特突然有了一个灵感：与其让工人围着车子走来走去，为什么不让车子像流水线一样，从工人面前缓缓通过呢？1913 年 8 月一个炎热的早晨，当工人们第一次把零件安装在缓缓移动的汽车车身上时，标准化、流水线和科学管理融为一体的现代大规模生产就此开始了。犹如第一次工业革命时期诞生了现代意义的工厂，福特的这一创造成为人类生产方式变革进程中的又一个里程碑。

福特建立了当时世界上最大的新工厂。每一天，都有大量的煤、铁、砂子和橡胶从流水线的一头运进去，有 2500 辆 T 型车从另一头运出来。在这座大工厂里，有多达八万人在这里工作。

1924 年，第 1000 万辆 T 型汽车正式下线，售价从最初的 800 美元降到了 290 美元。汽车开始进入美国的千家万户。

镜头画面：19 世纪末 20 世纪初的美国

福特的生产方式很快在其他制造领域被广泛应用，劳动生产率的空前提高使美国的经济实现了飞跃。

美国人的生活方式极大地改变了。产业化的电影世界在制造明星的同时，也创造着美国的梦想；走进千家万户的无线电收音机在改变信息传播方式的同时，也促进着企业的广告宣传；而汽车的普及更使美国成为一个安装在飞轮上的国家。

这就是20世纪20年代的美国，一切似乎都有可能，天空一片蔚蓝。人们觉得好日子才刚刚开始。

镜头画面：胡佛

随着经济的腾飞，将近20年的进步运动结束了，政府对经济的干预力度也减弱了。在1928年当选为美国总统的胡佛是一位自由市场经济的坚定支持者，他在竞选时的口号十分鼓舞人心。他说："如果我当选，将使美国人家家锅里有一只鸡，家家有一辆汽车。"

20年代的美国，享受着经济增长带来的无尽繁荣。看看纽约证券交易所吧，所有的股票都在一路飞涨，美好的未来还需要证明吗？

镜头画面：美国证券交易所
动画特技渲染

然而，胡佛的话音落下不久，纽约证券交易所爆发了一场空前的灾难。

1929年10月24日，有人忽然卖掉手中被高估的股票，惊惶和疯狂的抛售如同多米诺骨牌一样一发而不可收。一天之内，股市崩盘，超过300亿的市值蒸发殆尽。

采访：美国哥伦比亚大学商学院教授
约瑟夫·斯蒂格利茨

股市的崩溃，意味着人们对于投资的信心没有了，人们的财富转瞬消失，所以，投资和消费都开始下降。

镜头画面：白宫 经济危机时的人们
动画特技渲染

股市的崩溃只是经济大规模衰退的一个信号。随之而来的，是800个银行破产，900万个存款账户消失。人们的生活积蓄在瞬间化为乌有。短短两年多的时间里，美国的经济危机使14万家企业倒闭，全国有四分之一的人失业。在大大小小的城市中，饥民们排成长队，只为等候免费的面包和一点点汤。

1929年，美国的国民生产总值是1040亿美元，到1932年只剩下580亿美元了，美国损失了一半的财富。高速增长的经济像一辆飞驰的战车戛然而止，空前的繁荣演变为空前的危机。危机不仅席卷了美国，而且蔓延到整个西方世界，英国、德国等欧洲国家都先后陷入了大萧条之中。

关于这场危机的原因，经济学家们至今众说纷纭。然而，它却无疑是对放任自由的市场经济提出的最严峻的一次挑战。

绝望像阴云一样笼罩了整个美

国。一些看不到出路的人甚至从纽约刚刚建成的华盛顿桥上跳了下去。当时，美国和世界各大媒体都不得不用这两个字来形容30年代初的形势，那就是"恐惧"。

采访：美国芝加哥大学经济学教授
罗伯特·福格尔

我们经历了一场可怕的大萧条，造成了极大的焦虑，很多人的亲戚朋友都失业了，（那时）很多人还不习惯依靠政府的帮助。

镜头画面：动画特技渲染　经济危机

那么，这样一场空前的危机如何才能被化解呢？

信奉自由主义经济模式的胡佛政府认为，坚持了一百多年的自由市场既然能带来空前的繁荣，那么它也会在自我调节中克服这场危机。然而，胡佛政府的期待落空了，大萧条还在一天天地延续，国家徘徊在动荡的边缘，1700多万人失业，近200万人流浪在全国各地。

镜头画面：纽约　富兰克林·罗斯福

1932年，纽约州州长富兰克林·罗斯福，成为了民主党的总统候选人。30年前开始推动进步运动的西奥多·罗斯福总统，是他的远房亲戚。

富兰克林·罗斯福竞选资料：

罗斯福：你能说出我竞选的口号吗？
女　孩：幸福的日子又来到。
罗斯福：对，就是这句。

镜头画面：富兰克林·罗斯福竞选总统

富兰克林·罗斯福唤起了人们对生活的希望，笑容和自信为他赢得了大选，成为美国第32任总统。在宣誓就职的那一天，有近十万人冒着严寒来聆听他的演讲。

富兰克林·罗斯福就职典礼：

我们这个伟大的国家将会一如既往地坚持下去……我们惟一恐惧的是恐惧本身。

采访：美国富兰克林·罗斯福总统图书博物馆历史学家　鲍勃·克拉克

1933年3月4日，（富兰克林·罗斯福）发表的演讲是为了激励整个国家，表达他对人们的信心，同时也让人们对他抱有信心，并相信他的判断。在那次演讲中，最著名的一句话是："我们惟一恐惧的是恐惧本身。"他告诉美国人民要抛弃恐惧，齐心协力帮助国家走出大萧条。

镜头画面：富兰克林·罗斯福总统图书博物馆

就任总统后，富兰克林·罗斯福利用广播这种特殊的方式向美国人民倾诉美国面临的困难，以及政府将如何帮助人们。每到此时，都有成千上万的人在家里、在炉火边、在收音机旁，等待聆听总统的声音。人们习惯地将它称为"炉边谈话"。

采访：美国富兰克林·罗斯福总统图书博物馆历史学家　鲍勃·克拉克

在他执政的12年里，大约进行了35次的炉边谈话。炉边谈话通常在周日晚上进行，因为人们在周末不用上班，都会在家里。每逢此时，人们就会聚集在收音机旁。

镜头画面：华盛顿　莫斯科

得到了人们的支持和信任，渡过危机还需要强有力的手段和行之有效的办法。富兰克林·罗斯福会以什么样的方法帮助美国人再次过上幸福的日子呢？

就在西方世界遭遇经济危机的时候，新生国家苏联却是风景那边独好。他们创造了一种新的经济社会管理模式，人们称之为计划经济。从1928年到1932年，也就是西方资本主义世界大萧条的那几年，苏联实施了第一个五年建设计划，从农业国一跃成为工业国，整个社会一派欣欣向荣。

镜头画面：欧洲　白宫　剑桥大学　约翰·凯恩斯

苏联五年建设计划的成功引起了西方政治家和经济学家的高度关注。一直认为政府管得越少越好的美国人，也尝试着以新的眼光看待政府和经济发展的关系，并且重新关注起30年前西奥多·罗斯福总统用政府干预的手段来化解社会危机的经验。

这一时期的不少经济学家们也从自由主义经济呈现的问题中看到了市场的失灵，对此，英国经济学家凯恩斯提出的对策是：要用政府这只"看得见的手"参与国家经济，用国家的力量推动经济的运转。凯恩斯还专门给美国总统富兰克林·罗斯福写了一封信，表达了自己的观点。在信中他对罗斯福说：您已经成为各国力求在现行制度范围内运用明智试验以纠正我们社会弊病的人们的委托人。

采访：美国哥伦比亚大学商学院教授约瑟夫·斯蒂格利茨

随着经济的崩溃，人们开始知道资本主义并不像他们想象的那样运作，政府应该发挥作用。正是基于这种原因，凯恩斯的观点才变得非常重要。胡佛总统的许多顾问建议缩减政府的规模，减少政府开支，通过削减开支来修复预算。但是凯恩斯的说法正好相反，他说应该实施积极的政府干预，增加政府支出。

镜头画面：白宫　人群

1933年3月9日，在宣誓就职总统后的第五天，美国历史上最大规模的一次政府干预经济的行动开始了，富兰克林·罗斯福称之为"新政"。

他迅速制定了一系列有效的法规和政策。诸如，通过紧急银行法来整顿银行秩序；签署紧急救济法，并成立紧急救助署关注在贫困中挣扎的人们；签署农业调整法，以帮助恢复农产品价格；通过全国工业复兴法为经济恢复注入资金。

采访：哥伦比亚大学商学院教授
约瑟夫·斯蒂格利茨

他意识到政府应该采取行动，那是一个非常时期，需要非常的措施。所以，他实施了一系列的政府工程，比如修建公路，以此来满足美国人真正的需要。但是同时，他所做的这些也激励了经济的发展。

镜头画面：田纳西工程

1933年，田纳西河流域管理局成立。在国家的组织下，利用政府的投资，这一流域建造起20座新水坝，改建了5座原有水坝。

田纳西河流经的7个州从此再没有洪水泛滥，航运、电力、林业种植和农业生产大幅提高。更为重要的是，大量的公共工程为人们创造了数以百万的工作机会，以工代赈，缓解了经济危机带来的社会压力。

新政期间，美国还建立起养老和失业等方面的社会保障体系，整个美国就像经历了一场由总统推动的社会革命。在美国人的记忆中，这是政府第一次如此广泛、如此深刻地影响了他们的生活。

采访：美国哥伦比亚大学历史学教授
埃里克·方纳

富兰克林·罗斯福让联邦政府，通过社会保障体系、最低工资法律、福利法律、政府雇用以及其他措施，承担起保障美国人民经济安全的责任，支持人们获得经济上的自由。

镜头画面：富兰克林·罗斯福纪念公园

在一次演讲中，富兰克林·罗斯福

向公众提出了公民应该享有"免于匮乏的自由",因为真正自由的人,必须有基本的经济保障。罗斯福的提出的这一自由,意味着摆脱贫穷不再是个人的行为,也就是说,政府应该承担起保障人们免于贫困的责任。

采访:中国社会科学院美国研究所
原所长　资中筠

过去政府保证的基本人权是说,你可以自由地去争取你自己的幸福,至于争取得来,争取不来,政府管不了了,竞争的结果是,你失败了、你破产了、你没饭了,这些不是政府要管的事情。现在把政府的职能转变过来了,在经济上的保障,就是说,不饿死人也是政府的职能了,这个最低的保障就是,无匮乏的自由变成了基本的人权。这一点,我觉得在美国的观念上是一个很大的革命。

镜头画面:富兰克林·罗斯福纪念公园
1936年,经济有了恢复的迹象。拥有希望的感觉和对于未来的期待又开始回到美国人心中。富兰克林·罗斯福成为了美国历史上最杰出的总统之一。后人专门为他建造了一个纪念公园。今天,来自美国各地的老人可以自由自在地和这些大萧条期间生活窘迫的老人的雕塑,合影留念。

富兰克林·罗斯福:

我们正在努力奋斗,挽救一个伟大的、宝贵的政府。

采访:美国加利福尼亚州伯克利大学
经济学教授　钱颖一

罗斯福其实影响是非常大的,在某种意义上,有人说,他挽救了市场经济。就是说,市场经济不是没有毛病,出了一些毛病,在30年代的时候,那么,他引进了一些新政,然后使市场经济又回到了一个比较健康发展的轨道。

镜头画面:现代美国
富兰克林·罗斯福的"新政"开创了市场经济的新模式。在这种模式中,市场规律这只"看不见的手"和政府干预这只"看得见的手"联合起来,共同影响经济,市场的作用和政府的作用同时得以发挥。

镜头画面:第二次世界大战
纽约州海德公园
现代美国
在美国经济走向好转的时候,国际舞台却是战云密布。
为了扩张领土,掠夺资源,亚洲的日本在1937年发动了全面侵华战争,欧洲的德国在1939年入侵波兰。相隔

20 多年后，人类历史上的第二次世界大战爆发了。

美国的选择同第一次世界大战如出一辙。先是保持中立，然后被迫参战，加入到苏联、中国、英国和法国等国家组成的反法西斯阵营。作为第一经济和军事强国，美国的加入对反法西斯战争的胜利无疑是举足轻重的。

1945 年 4 月，美国历史上惟一一位连任了四届的总统富兰克林·罗斯福去世了。5 个月后，第二次世界大战结束。

新任总统杜鲁门宣称：美国已经获得了世界的领导地位。

两次世界大战，不仅重创了新兴大国德国和日本，同时也使传统大国英国和法国失去了对世界格局的支配权。当时的世界，除了美国和苏联，其他工业化国家都风光不再。美国在战后的工业总产值占到了世界总量的一半以上，并且在全世界范围内建立了以美元为中心的国际金融体系，同时，它还向世界 50 个国家和地区派驻了军队。

第二次世界大战成为美国历史新的转折点。独一无二的综合实力，使美国摆脱了第一次世界大战后企图安排世界秩序却无果而终的尴尬，开始按照有利于自己的方式主导国际秩序，并最终在 20 世纪的后期成为一个超级大国。

（本集编导：李成才　刘　颖）

精彩回放

公元1500年前后的地理大发现，拉开了不同国家相互对话和相互竞争的历史大幕，由此，大国崛起的道路有了全球坐标。

500年来，在人类现代化进程中，相继出现了9个世界性大国，它们是：葡萄牙、西班牙、荷兰、英国、法国、德国、日本、俄罗斯和美国。大国兴衰更替的故事，留下了各具特色的发展道路和经验教训，启迪着今天，也影响着未来……

海洋时代：葡萄牙·西班牙

15世纪，欧洲最早诞生的两个民族国家葡萄牙和西班牙，在国家力量支持下进行航海冒险：在恩里克王子指挥下，葡萄牙一代代航海家们开辟了从大西洋往南绕过好望角到达印度的航线；在伊莎贝尔女王的资助下，哥伦布代表西班牙抵达了美洲。当麦哲伦完成人类第一次环球航行后，原先割裂的世界终于由地理大发现连接成一个完整的世界。葡萄牙和西班牙在相互竞争中瓜分世界，依靠新航线和殖民掠夺建立起势力遍布全球的殖民帝国，并在16世纪上半叶达到鼎盛时期，成为第一代世界大国。

小国大业：荷兰

地处西北欧、面积只相当于两个半北京的小国荷兰，在海潮出没的湿地和湖泊上，以捕捞鲱鱼起家从事转口贸易，他们设计了造价更为低廉的船只，依靠有利的地理位置和良好的商业信誉，逐渐从中间商变成远洋航行的斗士。日渐富有的荷兰市民从贵族手里买下了城市的自治权，并建立起一个充分保障商人权利的联省共和国。他们成立了世界上最早的联合股份公司——东印度公司，垄断了当时全球贸易的一半……凭借一系列现代金融和商业制度的创立，17世纪成为荷兰的世纪。

工业先声：英国

与欧洲大陆隔海相望的英国，在1588年与西班牙无敌舰队的海战中大获全胜，就此逐步登上世界舞台。女王伊丽莎白一世对海洋探险和贸易的鼓励、开明的治国态度，使这个地处边缘的岛国，迎来了早期的辉煌。但是，接下来的国王查理一世却因为坚信君权神授，违背了英国早在13世纪时由《大宪章》所确定的国王必须遵守法律的原则，和议会之间进行了一场为时4年的内战，战败后的查理一世被宣判死刑。最终，英国通过光荣革命逐步建立起君主立宪制，完成了向现代社会的转型。

激情岁月：法国

17世纪时，国王路易十四在法国建立起欧洲大陆最强大的绝对王权，并藉此将法国的经济、文化、军事力量都带到了历史上的第一个高峰。路易十四对文化艺术的喜好培育了国民对思想文化的推崇，席卷了整个欧洲的启蒙思想在法国得到了普遍传播。启蒙思想打破了欧洲中世纪的神学枷锁，开启了理性的大门，而法国社会一直无法解决的三个等级之间的矛盾却愈演愈烈。1789年，法国大革命爆发，《人权与公民权宣言》颁布。

但是，欧洲各君主国的绞杀使法国出现了极端事件和长期动荡。这时，拿破仑以大革命之子的形象出现，用征服欧洲的方式再次将法国带向巅峰。然而，武力扩张并不能维持大国地位。直到第二次世界大战之后，法国才在戴高乐独立自主发展道路的带领下，恢复了往日的荣光。

帝国春秋：德国

当欧洲各国纷纷建立民族国家之际，欧洲大陆中部的一片国土始终处于四分五裂的状态。对分裂有着痛苦记忆的德意志人在思索中呼唤着一个统一的国家。通过不懈努力，经济学家李斯特提出的通过经济统一实现政治统一的方式得以实施，关税同盟的建立使贸易壁垒被打破，德意志经济快速发展。

铁血宰相俾斯麦则在欧洲列强环伺的夹缝中求生存，在外交上做足准备后，最终以三场对外的战争在1871年完成了德国统一。一直以来高度重视教育、科技的德意志，迅速站在了第二次工业革命的前沿，成为欧洲第一、世界第二大经济强国。但是，随后德国却很快成为两次世界大战的策源地。

百年维新：日本

150多年前，在4艘美国黑船的胁迫下，长期闭关锁国的岛国日本选择了不战而开国。外部压力成为国家内部变革的动力，黑船来航15年后的1868年，明治维新正式开始。在"求知识于世界"的维新纲领指导下，日本派出由政府高官组成的岩仓使节团到欧美各国考察。此后，日本开始了国家工业化，大久保利通的继任者伊藤博文则顺应国内自由民权运动的呼声，制定了巩固维新成果的日本第一部宪法。但是，同时写进《大日本帝国宪法》的天皇制埋下了日本军国主义抬头的隐患。

和所有迷信武力争霸的国家一样，原子弹爆炸的蘑菇云结束了日本军国主义的迷梦。第二次世界大战后的日本，以《和平宪法》为基础，在美国扶持下，经济迅速发展。在1968年，即明治维新百年之际，成为当时仅次于美国和前苏联的世界经济强国。

寻道图强：俄罗斯

1697年，俄国沙皇彼得一世前往欧洲各国游历和学习。归来后，他用强硬手段推行了一场社会变革。从穿衣、吃饭，到科学教育等，彼得用野蛮的方式推进了俄罗斯的文明进程。继承彼得改革的女皇叶卡捷琳娜二世引进欧洲的启蒙思想，重视教育，并试图起草法律，但改革无法触动农奴制。女皇的业绩最终只能表现在领土扩张上，在18世纪后期，俄罗斯成为地跨欧亚美的大国，并成为欧洲事务中的重要角色。

但是，农奴制使俄罗斯很快在经济、技术领域落后于完成了工业化的英、法等国。在战争—革命—改革的多次反复中，这个在传统和现代之间徘徊的民族，逐渐形成了自己的思考能力。正是在这样的思考中，俄罗斯逐渐创造了属于自己的独特文明。

新国新梦：美国

1620年，五月花号载着100多名英国清教徒来到北美大陆。遵照登陆前签订的《五月花号公约》，清教徒开始了在新大陆上自治管理的生活。100多年后，由于英帝国强行增收印花税，殖民地独立战争爆发。1776年，北美13个殖民地宣布成立美利坚合众国，并在1787年制定了对美国发展影响深远的成文宪法，建立起中央政府。

1894年，美国成为世界第一大经济强国。这个年轻的国度已站在第二次工业革命的潮头。第二次世界大战成为美国历史新的转折点，美国在政治、经济、科技、军事等方面成为世界第一强国。